Frank Schumann

Die Szene

Frank Schumann

Die Szene

**Neue Geschichten
aus dem Scheunenviertel**

**EDITION
SCHEUNENVIERTEL**

Bildnachweis

Ulrich Burchert, 2 (Seiten 95, 147)
Hans Thormann, 1 (Seite 47)
Rolf Zöllner, 11 (Seiten 6, 9, 33, 39, 57, 79, 101, 109, 127, 143, 157)

ISBN 3-355-01381-1

© Verlag Neues Leben GmbH, Berlin 1993
Umschlaggestaltung: Wolfgang Geisler
(unter Verwendung eines Fotos von Rudolf Chowanetz)
Lichtsatzherstellung: Nationales Druckhaus GmbH, Berlin
Lithographie: SWS Repro GmbH, Wiesbaden
Druck und buchbinderische Weiterverarbeitung:
Chemnitzer Verlag und Druck GmbH, Werk Zwickau

Seit Sommer 1992 hat das Scheunenviertel in den Medien Konjunktur. Erstens liegt die Gegend in Ostberlin, zweitens ist sie quirliger, aufregender und bunter als alle anderen Teile dieser Stadthälfte. Sie ist seit dem Fall der Mauer so lebendig geworden wie es Kreuzberg in seinen besten Jahren war.

Zur dynamischen Gegenwart kommt die jüdische Vergangenheit. Das Scheunenviertel galt in den zwanziger Jahren, während dort Zehntausende von Ostjuden auf dem Weg nach Amerika Station machten und viele von ihnen hängenblieben, als das am dichtesten besiedelte Stadtgebiet Europas. Die Spandauer Vorstadt, deren Teil das Scheunenviertel ist, wurde jetzt zum Flächendenkmal erklärt. 450 Gebäude warten auf Restaurierung.

In diesem Viertel zeichnete Heinrich Zille, drehte die UFA den weltberühmten Film "Der Blaue Engel" mit Marlene Dietrich. Da stehen die älteste Feuerwache Berlins und das größte Postamt Deutschlands, eine der schönsten Synagogen Europas und der gelungenste Barockturm der Stadt. Das Kiez weist wohl die höchste Dichte von Galerien und Kneipen und besetzten Wohnungen auf. Das Kunsthaus Tacheles und der Autostrich in der Oranienburger Straße steuern das ihre bei, um Touristen in Scharen anzulocken. Im Spreebogen, also in unmittelbarer Nähe, soll das Regierungsviertel der deutschen Hauptstadt entstehen.

Die Gegend kannte und kennt viele prominente Adressen. Im Scheunenviertel sind der Menschenfreund und Aufklärer Moses Mendelsohn und der

U-Bahn-Station Oranienburger Straße: Über allem glänzt die Kuppel der Neuen Synagoge.

preußische General aus dem antinapoleonischen Befreiungskrieg Adolf Freiherr von Lützow beigesetzt. In der Oranienburger Straße lehrte der berühmte Sexualforscher Magnus Hirschfeld. Das Polizeirevier 16 am Hackeschen Markt leitete Wilhelm Krützfeld, der am 9.November 1938 die Nazis aus der Synagoge vertrieb, als diese dort brandschatzen wollten. Zur Brunnenstraße hin wohnte der Sohn des Reichspräsidenten Friedrich Ebert gleichen Namens, bis das Haus und der Nachlaß des Politikers 1943 bei einem Bombenangriff vernichtet wurden. Am anderen Ende des Viertels führt der letzte Ministerpräsident der DDR, Lothar de Maizière, seine Anwaltskanzlei. Unweit des Hackeschen Marktes wohnt Walter Romberg, Finanzminister der letzten DDR-Regierung. Um die Ecke ist Regine Hildebrandt, Arbeits- und Sozialministerin im Land Brandenburg, zu Hause. Einen Steinwurf weiter befindet sich das Karl-Liebknecht-Haus: Einst Sitz der KPD-Zentrale, heute der Arbeitsplatz von Gregor Gysi, dem Vorsitzenden der PDS. Gegenüber steht die Volksbühne, zehn Straßen weiter der Friedrichstadtpalast.

Das Scheunenviertel birgt Geschichte und Geschichten. Wie in einem Tropfen konzentrieren sich die Veränderungen, die seit dem Fall der Mauer in dieser Stadt passieren. Der Wechsel ist aufregender als die Stetigkeit. Kräftiger als anderenorts strömt im Scheunenviertel Neues ein, mischt sich Tradiertes mit Zeitgeist.

Die Geschichten dieses Buches sind im Sommer 1992 aufgeschrieben worden, entstanden aus Alltagsbeobachtungen und aus Kneipengesprächen, aus Amtsrecherchen und aus Archivstudien. Notizen von einem, der selbst im Scheunenviertel wohnt.

Der boxende Jude

*Wie Arnold Munter
sich durchs Ghettoleben schlug*

Wenn Arnold Munter sich durchs Berliner Scheunenviertel schiebt - eine Touristengruppe im Gefolge und wie ein Keil den Fluß der Fußgänger zerteilend -, glaubt man unbenommen, daß dieser Mann 1937 ein Boxmeister im Schwergewicht war. Der hat sich auch damals nicht, als der Hunger und die Not im Viertel groß waren, die Wurst von der Stulle stehlen lassen. Vor den Nazis hat er nicht geduckt. Als Jude, als Prolet, als Sozialdemokrat. Als ein aufrechter Deutscher, der in Berlins Mitte aufgewachsen ist.

Daß der Schwergewichtler auch in der Vorbereitungsgruppe der Marathonläufer für die Olympischen Spiele in Tokio 1940 ausdauernd trainierte, bis der Krieg das Aus verhängte, erkennt man hingegen nicht auf Anhieb. Die Jahre seitdem haben ihr Gewicht hinterlassen. Wobei: Es existiert ein Foto, das zeigt ihn 1945 auf einer Trage. Da besteht der Mann buchstäblich aus Haut und Knochen, er ist dem Tode näher als dem Leben.

Das jüdische Schicksal sieht man ihm nicht mehr an. Arnold Munter hat den Flecktyphus überstanden wie zuvor die drei Jahre im Konzentrationslager Theresienstadt. Hunger begleitete ihn in der ersten Hälfte seines Lebens ständig, da war der Zwang zur Bescheidung in der zweiten nicht sonderlich ausgeprägt. Danach hat er halt gut gelebt.

Im Prinzip hat Arnold Munter zeitlebens geboxt. Die Munters wohnten in den zwanziger Jahren am Rande des Scheunenviertels, in der Lothringer Straße 16. Die Adresse lautet heute Wilhelm-Pieck-Straße 41,

Der Überlebende: Arnold Munters jüdische Familie war bis zum Holocaust im Scheunenviertel ansässig.

das Haus steht noch und kann besichtigt werden. Im Vorderhaus wohnte ein reicher Jude, ein Papiergroßhändler. Er hatte zwei Kinder, zwei Dienstmädchen und die Arroganz des Bourgeois. Wer sozial unter ihm stand, den nahm er nicht zur Kenntnis. Im Seitenflügel des ersten Hofes, eine Treppe hoch, hauste Fritze Höhne. Mit seinen 275 Kilo präsentierte er sich auf Jahrmärkten und im Zirkus als der schwerste Mann der Welt. Seine beiden Brüder waren auch nicht eben schlank, überm Gürtel wölbte sich die Plempe, wie der Berliner dicke Bäuche nennt.

Im Quergebäude, mit Blick auf den zweiten Hinterhof, lebten die acht Munters. Die Eltern mit sechs Kindern zahlten Miete für zwei Zimmer und Küche, und als der Wirt sie exmittieren lassen wollte - das Mobiliar stand schon auf dem Hof -, eilte der Vater in die Grenadierstraße und bewog ein jüdisches Ehepaar mit Kind, in Munters Wohnung mit einzuziehen, damit die Miete halbiert und leichter von jeder Partei aufgebracht werden konnte. Fortan drängten sich 8 Personen in einem Raum.

Der Vater war Jude und gelernter Hutmacher und lebte von Gelegenheitsarbeiten. Die Mutter besuchte den evangelischen Gottesdienst. Die Kinder blieben atheistisch. Wären sie zum mosaischen Glauben bekehrt worden, hätten sie ihre Mutter beleidigt, sagt Arnold Munter heute. Hätten sie sich taufen lassen, wäre es gegen Papa gegangen. So also blieben die drei Brüder und die drei Schwestern konfessionslos.

Vom Hinterhof stiegen penetranter Fischgestank und Stallgeruch in den quadratischen Himmel. Ein Fischhändler hatte dort seine Heringsfässer abgestellt. Regelmäßig öffnete er eine Tonne, griff einen Hering, wischte ihn am Ärmel seiner Jacke ab und biß hinein. So bestimmte er die Sorte und den Verkaufspreis der Ware. Arnold und seine Geschwister warteten immer darauf, daß der Händler, nachdem er seine Beißprobe vollzogen hatte, den Rest des Herings fallen ließ, damit sie sich draufstürzen und ihn verschlingen konnten. Ebenso gierig durchwühlten sie die Obstabfälle, die die Händler aus den Markhallen in den Rinnstein kippten. Die aus den Vororten Berlins morgens gegen 4 ankommenden Lieferanten stellten links und rechts der Koblankstraße ihre Karren ab, und bevor sie abends heimwärts rollten, fegten sie die matschigen Reste von den Brettern. Kohldampf wütete ständig in den Eingeweiden nicht nur der Munter-Sprößlinge.

Im Seitenflügel des zweiten Hinterhofes standen zwanzig Kühe und gaben Milch. Viehhaltung war in den zwanziger Jahren in Berlins Mitte nichts Außergewöhnliches, und Arnolds erste Tätigkeit basierte sogar darauf. Ein Kutscher stellte ihn ein, der vom Verkauf von Lebensmittelresten an die Bauern lebte. Mit einer Glocke zog Arnold eine zeitlang durch die Hinterhöfe, brüllte die Häuserwände hinauf: „Brennholz für Kartoffelschalen" und legte den Hausfrauen, die mit ihren Küchenabfällen heruntergekommen waren, Holzscheite in die auf seinem Wagen ausgeleerten Körbe.

Vor der Lothringer 16 stand eine Pumpe. Mit dem Wasser daraus streckten die arbeits- und obdachlosen Stadtstreicher den Fusel, den sie sich morgens aus der gegenüberliegenden Spiritus-Kneipe holten. Abends lagen sie volltrunken im Erbrochenem auf dem Pflaster, und die Leute stiegen naserümpfend über sie hinweg.

Nebenan, im Keller des Nachbarhauses, betrieb Pieper eine Destille. Der hatte einst am Hofe gedient und war, wie üblich, vom Kaiser mit einer Abfindung in Rente geschickt worden. Von dem Geld hatte er sich das Lokal eingerichtet, daß nun ganz ordentlich lief.

In der Lothringer 11 wohnte Leo Last, ein aus Polen zugewanderter Jude. Er hatte sich zunächst zwei Kellerräume gemietet. In dem einen schlief er, in dem anderen stapelte er die Lumpen, die er bei den jüdischen Schneidern im Kiez einsammelte. Nach einer Weile konnte er sich einen Handwagen leisten und größere Touren unternehmen. Ging Zeit ins Land, und Leo kaufte sich ein Automobil. Und weitere Jahre drauf erwarb er ein Grundstück hinterm Rosenthaler Platz, auf dem er ein Haus errichten ließ, das er vermietete. Sich regen bringt Segen, griente der emsige Jude Leo Last, noch nicht ahnend, daß man ihm später nicht einmal mehr sein Leben lassen würde. Nicht nur den Munters galt Leo Last als leuchtendes Beispiel, wie man es mit eigener Hände Arbeit zu Wohlstand und Besitz bringen konnte.

Daß die Gegend allerdings keine feine war, wurde Arnold erstmals mit 14 bewußt. Das war 1926. Schwester Elli, gerade vier Jahre alt, bekam Ausfluß. Die Mutter eilte zum Arzt und dieser diagnostizierte Tripper. Frau Munter tippte sich an die Stirn und ging zu einem anderen Mediziner, dem sie mehr vertraute. Doch dieser bestätigte die Auffassung seines Kollegen und dessen Verdacht, daß Elli sexuell mißbraucht worden sei. Das Mädchen berichtete nach intensiver Befragung, sie sei von einem Mann in einen auf dem Lagerplatz an der Koblankstraße abgestellten Wohnwagen mitgenommen worden. Den Rest konnte man sich denken. Die Nachforschungen der Polizei führten bald auf eine heiße Spur. Zwei Beamte erschienen daheim bei Munters, nannten den mutmaßlichen Täter und seinen Aufenthaltsort und ließen dem Familienvorstand einen gewissen Vorsprung, worauf dieser in die Mulackstraße eilte, um den beschriebenen Luden, wie die Zuhälter sich nannten, zu verprügeln.

Die Selbstjustiz mit einem von der Straße aufgelesenen Hufeisen kostete dem Delinquenten ein Auge und dem aufgebrachten Vater fast das Leben. Denn die Luden der Mulackstraße solidarisierten sich mit ihrem attackierten Kollegen und stürzten sich gemeinschaftlich auf Munter sr. Dann erreichten endlich auch die beiden Polizisten den Ort des Geschehens und retteten das Opfer, indem sie mitteilten, was dessen Zorn provoziert hatte. Da erschraken selbst die Zuhälter. Sie wandten sich dem Kindesschänder zu und droschen nun auf diesen ein.

Als Arnold Munter sechzehn war, schloß er sich der Sozialistischen Arbeiterjugend an und begann zu boxen. Er trainierte im Arbeiter-Athletenbund Alt-Wedding. Zehn Jahre später wurde er ausgeschlossen, weil er Jude war. Seinen Titel hatte er 1937 bei den Landesmeisterschaften errungen. Er konnte ihn aber nicht verteidigen, denn es gab keine weiteren jüdischen Meisterschaften mehr. Die Nazis hatten sie verboten. Für Olympia aber trainierte er mit Billigung der Arier weiter: Wo Medaillen in Aussicht standen, legten sie kurzzeitig ihre rassistische Ideologie beiseite.

Als Munter achtzehn wurde, 1930, schloß er sich der

SPD an. Als er dreißig war, holte ihn die Gestapo. Bruder Helmut war bereits abgetaucht. Den Vater hatte man deportiert und in Treblinka, einem der deutschen Vernichtungslager auf polnischem Boden, ermordet. Die Mutter bemühte sich mit Bekannten darum, daß ihren Kindern der Status Mischling 1. Grades zuerkannt wurde, die Nazi-Bürokratie arbeitete und lud die Jungen vor, damit sie einem Arzt ihr unbeschnittenes Glied vorwiesen.

Es sah schon so aus, als könnten sie der Mordmaschinerie entkommen, als im Juli 1942 die Aufforderung ins Haus flatterte, Arnold, Eva und Elli Munter sollten sich in der Burgstraße, unweit des Hackeschen Marktes, in der Dienststelle der Geheimen Staatspolizei einfinden. Mit klopfendem Herzen stiegen die drei die Treppen hinauf. Das Gespräch in einem der Büros war von kurzer Dauer, der Anlaß der Vorladung nicht erkennbar. Am Ende keifte der Unifomierte, er werde alle drei nach Theresienstadt überstellen lassen; den Einwand, man habe keine Sachen für eine Reise dabei, wischte er grinsend vom Tisch.

Wenig später geleiteten vier SS-Leute mit gezogener Pistole elf Personen ins Jüdische Altersheim in der Großen Hamburger. Dort nahm Polizei sie in Empfang und befreite die Ankömmlinge von ihrem Ballast. Arnold verlor sogar seine Fliegerstiefel, auf die er besonders stolz war. Die Frauen steckte man in die bereits überfüllten Zimmer und Arnold in eine Besenkammer am Ende eines Ganges. Wie lange er dort in der Dunkelheit auf den Dielen hocken mußte, vermag er heute nicht zu sagen. Waren es Stunden, Tage, Wochen? In der Finsternis verlor die Zeit ihr Maß.

Einmal wurde die Tür aufgerissen und ein alter Mann hereingestoßen, der sich ihm als Leo Beck vorstellte. Munter kannte diesen Rabbiner dem Namen nach, er galt als ein profunder jüdischer Wissenschaftler. Im Halbschlaf wurde er gewahr, wie jener sich die

Pulsader zu öffnen versuchte. Das ist nicht im Sinne Ihres Gottes, sagte Munter, und außerdem würde er an Becks Stelle schon aus Trotz der Gestapo nicht die Genugtuung bereiten, freiwillig aus dem Leben zu scheiden.

An einem Morgen öffnete sich die Tür. Alle wurden vors Haus getrieben, der Tag dämmerte herauf, die Stadt räkelte sich noch im Schlaf. Der Pulk, von Wachmannschaften in die Oranienburger gedrängt, tappte müde der ersten Reihe nach. Ein Straßenbahn fuhr vor, leer noch bis auf den Fahrer. Einsteigen, brüllte jemand. Quietschend rollte die Bahn an der Synagoge vorbei, die Friedrichstraße hinunter. Auf dem Anhalter Bahnhof wartete bereits ein Zug. Theresienstadt lautete das Ziel. Im Ghetto trafen die drei Geschwister ihren untergetauchten Bruder wieder. Der Kalender zeigte den 17. Juli 1942.

Arnold, Eva und Helmut blieben drei Jahre in Theresienstadt. Elli und ihr Freund, den sie im Ghetto liebte, wurden in die Gaskammern von Auschwitz deportiert. 350 000 Juden passierten Theresienstadt. Nur 17 000 verließen es lebend.

Ein halbes Jahrhundert nach dem Holocaust trifft man im Scheunenviertel wieder Juden. Sie kommen auch aus dem Osten wie ihre Vorfahren vor vielen Jahrzehnten, aber sie sind andere, sind nicht verwandt mit jenen, die sich hier einst niederließen - weder im Geiste, noch als deren Nachgeborene. Etliche von ihnen laufen den Jüdischen Kulturverein (JVK) am Monbijouplatz an, der zu Beginn des Jahres 1990 ins Leben trat.

Die Besucher blicken durch das eine große Fenster auf das satte Grün der Parkanlagen und durch das andere auf die Neue Synagoge. An den Wänden hängen Fotos aus dem Vereinsleben, Drucke und andere Abbildungen mit hebräischen Schriftzeichen, auch mehrere Skizzen eines Café Lauder. Es soll an der Ecke

Oranienburger-/Tucholskystraße entstehen, wo gegenwärtig noch ein unbewohntes, ziemlich ramponiertes Gebäude verwittert.

Was passiert dort? Der Verein macht Menschen jüdischer Herkunft mit Traditionen, der Geschichte und der Kultur ihres Volkes bekannt. „Wir suchen nach dem Schlüssel, mit dem wir die Türen zum Judentum öffnen könnten", beschreibt Irene Runge die selbstgewählte Aufgabe des Vereins. „Er findet sich als Weisheit unseres Volkes, mündlich und schriftlich überliefert, zur Tradition verfestigt, von der wir aus verschiedenen Gründen oft einen eher vagen Begriff haben. Welche identitätsstiftende jüdische Realität kann es für uns heute geben? Israel? Die Erinnerung an die Shoa, den Holocaust? Was könnte jüdische ‚Normalität' beinhalten? Das Leben in und mit jener Kultur? Die Achtung vor den Feiertagen, die Einhaltung des Schabbat? Geschichtsbewußtsein? Wir wissen nicht, wie unser Weg verläuft, wer mitkommen will, wie oft wir stolpern und fallen, wann wir an uns zweifeln werden." Die promovierte Soziologin, einst an der Humboldt-Universität tätig, macht die Schwierigkeit der Selbstfindung deutlich: Es ist ein primär intellektuelles Problem. Das natürlich auch praktische Seiten hat.

Eine dieser Aufgaben ist aus dem Nebenzimmer zu hören. Durch die Tür dringen russische Laute. Die Neuankömmlinge machen sich mit der deutschen Sprache vertraut, und mit jüdischer Geschichte und Kultur. Die sind den meisten völlig unbekannt. Wo diese Menschen einst wohnten, gab es kein jüdisches Leben, und daß sie Juden sein könnten, erfahren viele erst jetzt. Jude ist nach dem Halacha, dem Religionsgesetz, wer von einer jüdischen Mutter geboren wurde oder aus Glaubensgründen dem Judentum beitrat.

Die sogenannten Reformjuden akzeptieren auch eine jüdische Vaterschaft. Doch das wird in Israel und von der gesetzestreuen Judenheit überall auf der Welt abgelehnt. Auch von den jüdischen Gemeinden in Deutschland. Für sie ist die Halacha verbindlich. Das Nationalitätengesetz der UdSSR hingegen kümmerte sich nicht um diesen innerjüdischen Disput, erklärt Irene Runge, man überließ der Familie die Entscheidung, ob den Kindern die Nationalität der Mutter oder die des Vaters zugeschrieben werden sollte. Oft flüchteten sich die Eltern in die nichtjüdische Herkunft von Vater oder Mutter, um den Nachgeborenen bessere Lebensbedingungen zu sichern.

Jude in der Sowjetunion gewesen zu sein, war der Karriere nicht sonderlich dienlich. Mancher dieser Menschen mit zwei Stammbäumen hat, als er seinen Paß beantragte, den in der UdSSR gesetzlich durchaus zulässigen Wechsel der Nationalität vermerken lassen, was den uninformierten deutschen Bürokraten ein unlösbares Rätsel aufbürdete: Wie konnte einer, dessen Geburtsurkunde ihn als Russen auswies, laut Paß plötzlich Jude sein? Das Beamtendeutsch gebar ein neues Wort, das Mißtrauen befördert: Paßjude. Die Verwirrung wurde komplett durch die unterschiedliche Interpretation: In der Sowjetunion galt das Judentum ausschließlich als Nationalität, Religion war Nebensache. In der Bundesrepublik hingegen versteht man es als Religion, nicht als Nationalität - das war die Konsequenz aus der Nazizeit, als der rassistische Antisemitismus legalisiert worden war.

Wer sitzt da am Rande des Scheunenviertels und lernt Deutsch beim Kulturverein? Wer wird von der Ostberliner Orthodoxiegemeinde Adass Jisroel in Religion und Sprache unterwiesen, wer wird von der Jüdischen Wohlfahrt betreut?

Die Perestroika in der Sowjetunion öffnete die Schleusen, im Sog der durchschießenden Flut trieb auch Unrat nach oben. Der latente Antisemitismus zwischen Brest und Wladiwostok brach wieder offen aus. Die Juden bekamen Angst. Schon zwischen 1970 und 1980 hatte eine Viertelmillion die UdSSR verlassen, zehn Prozent der dort lebenden Juden. Der Auszug setzte sich in den achtziger Jahren stetig fort, dann schwoll der Strom mächtig an. Die Hilferufe stießen jedoch in den traditionellen Zielländern auf mehr oder minder taube Ohren. Die USA hatten ihre Quoten, die alte Bundesrepublik war kein Einwanderungsland, die Genehmigung der Einreise nach Israel dauerte Monate oder Jahre, die DDR hielt per Gesetz weiterhin ihre Grenzen für Emigranten geschlossen.

In dieser Situation handelte der soeben entstandene Jüdische Kulturverein. Am 6. Februar 1990 entsprach der Runde Tisch seinem Ersuchen an „die Regierung der DDR, unabhängig von den geltenden Bestimmungen, den Aufenthalt für jene zu ermöglichen, die sich in der Sowjetunion als Juden diskriminiert und verfolgt sehen. Wenn ein Menschenleben in Gefahr ist, müssen Gesetze gebrochen werden."

Die ersten sowjetischen Juden trafen in April 1990 in der Noch-Hauptstadt der DDR ein. Berlin begann wieder zu einem Fluchtpunkt für Ostjuden zu werden, wenngleich nicht in früheren Ausmaßen. Seitdem sind 33 000 Flüchtlinge in die Bundesrepublik gekommen, sagt man, jeder dritte vielleicht suchte in Berlin eine neue Heimat.

Das aber sei nicht die Wiederherstellung eines früheren Zustandes, warnt Irene Runge vor kurzschlüssigen Interpretationen. „Wer heute aus Rußland, der Ukraine, dem Baltikum und anderen Staaten der früheren Sowjetunion kommt, ist kein Nachfahre jener deutschen Judenschaft, die das Inferno des Dritten Reiches nicht überlebte oder rechtzeitig ins Ausland gelangte. Die heute kommen, sind eher mit der russischen als mit der jüdischen, und nur selten mit der deutschen Kultur aufgewachsen. Sie kommen als Fremde nach Deutschland. Sie wollen bleiben, weil sie Juden sind. Menschen, die aus Erfahrung wissen, daß im Osten Europas Juden zum Sündenbock werden, wenn sich die allgemeine Lage zur Krise verschärft. Berlin ist für sie - und so war es wohl auch für die osteuropäischen Einwanderer seit der Jahrhundertwende - eine Hoffnung, ein Traum, ein Versuch, ein Neubeginn."

Seit über drei Jahrhunderten bietet Berlin Juden eine Bleibe. Als Gründungsdatum der hiesigen Jüdischen Gemeinde gilt der 10. September 1671. An jenem Tage erhielten die ersten beiden der insgesamt 50 Wiener Familien, denen Kurfürst Friedrich Wilhelm I. die Niederlassung in Brandenburg gestattete, ihren Schutzbrief.

Bereits vier Jahrhunderte davor lebten Juden für einige Jahre oder Jahrzehnte in der Stadt und in der Mark Brandenburg, doch sie waren immer wieder unter fadenscheinigen Vorwänden vertrieben worden, letztmalig 1573, als man einen Juden für die Ermordung von Kurfürst Joachim II. haftbar machte.

Die erste Gemeinde-Institution war ein Friedhof, für den 1672 die Juden ein Grundstück an der Großen Hamburger Straße erwarben. Das war jenes Areal vor der Stadtmauer, von dem ein Teil an die Protestanten abgetreten wurde, als sie ihre Sophienkirche errichteten, und das sich gegenüber jenen Häuser befand, in denen heute der Schlossermeister Hennig seinen Altberliner Handwerkerhof betreibt.

Die preußische Politik gegenüber den Juden wurde im wesentlichen durch drei Grundsätze diktiert: erstens ihre Zahl geringhalten, zweitens sie finanziell ausbeuten, drittens ihre wirtschaftliche Tätigkeit auf jene Felder lenken, die dem Staat entwicklungsbedürftig scheinen. Diese Prämissen wurden im „General Privilegium und Reglement" von 1730 und in seiner revidierten Fassung zwanzig Jahre später fixiert, sie waren bis 1812 gültig. Die vermögenden Juden erwarben Schutzbriefe, die sie an ihr erstes Kind vererben durften, und damit Bleiberecht, die ärmeren mußten Berlin verlassen. Das betraf ein halbes Tausend. Vom Handwerk blieben Berliner Juden ausgeschlossen. Sie durften sich auf Geschäfte mit Geld und Immobilien konzentrieren sowie auf den Handel mit Luxuswaren, Juwelen, Edelsteinen, Pferden, Rohstoffen, Manufakturerzeugnissen und - was später im Scheunenviertel große Bedeutung erlangen sollte - mit Trödel.

Mit einem kuriosen Ergebnis: Durch Gesetz gezwungen, nahmen die Juden Berlins bald einen wirtschaftlich und gesellschaftlich bedeutenden Platz ein; Namen wie David Friedländer - des Begründers der ersten jüdischen Schule in Deutschland - und des Aufklärers Moses Mendelsohn, dessen Grabstein an der Großen Hamburger Straße steht, erhielten in jenen Jahrzehnten ihren uns bekannten Klang.

Ein am 11. März 1812 verabschiedetes Edikt erklärte die Juden „zu Einländern und preußischen Staatsbürgern". Wenn durch spätere Bestimmungen dieses Gesetz nicht immer wieder ausgehöhlt worden wäre, hätte es tatsächlich die Gleichberechtigung hergestellt.

Vor diesem Hintergrund entwickelten sich zwei Strömungen innerhalb der Berliner Juden. Die eine bildeten Vertreter einer staatsbürgerlichen Emanzipation, die in Sprache und Ritus eine möglichst weitgehende Anpassung an die christlichen Konfessionen anstrebten. Die anderen hielten an den religiösen Traditionen fest. Die konservative Gruppe innerhalb des Berliner Judentums schloß sich 1869 zu der Religionsgemeinschaft Adass Jisroel zusammen.

In der preußischen Verfassung von 1850 war erstmals die juristische Gleichstellung aller Preußen, unabhängig von ihrem Glaubensbekenntnis, erklärt worden. Diese Bestimmung übernahm 1871 auch das Deutsche Reich. Dennoch blieb eine stillschweigende Diskriminierung bis zum Zusammenbruch des Kaiserreiches 1918 bestehen. Führungspositionen im wilhel-

minischen Herrschaftsapparat waren Juden versagt, Karrieren in der Justiz, bei Polizei und Militär sowie im Schulwesen endeten dort, wo es für Deutsche noch weitere Sprossen an der Aufstiegsleiter gab.
Die Jüdische Gemeinde Berlins war nicht nur die größte und damit die reichste in Deutschland, sie besaß wegen ihrer zentralen geographischen Lage auf dem Kontinent auch eine erhebliche Anziehungskraft für die Juden Osteuropas. Berlin wurde das Auffangbecken für unzählige nicht assimilierte jüdische Bauern, Arbeiter, Handwerker und Kleinhändler, die aus ihren Siedlungsgebieten und Ghettos im Osten vertrieben wurden. Sie ließen sich vornehmlich im Scheunenviertel nieder und gründeten oder trugen ursächlich bei zur Entstehung von Hilfsvereinen und Wohlfahrtsämtern, kulturellen, wissenschaftlichen und religiösen Institutionen, deren Zahl kaum zu überblicken war. Die meisten gehörten aber zu den Ärmsten der Armen und vermochten es aus eigener Kraft nicht, ihren sozialen Status zu verbessern. In religiöser Hinsicht stärkten sie den konservativen, religiös orthodoxen Flügel in der Gemeinde, der in der Weimarer Republik fast die Stärke des liberalen Flügels besaß.
Die jüdische Oberschicht, die in ihrem Lebensstil, in ihrer Funktion als Publikum, in einem großzügigen Mäzenaten- und Stiftertum und in glänzenden Gesellschaften ein Stück Großbürgertum bildete, fühlte sich von den ärmlichen Ostjuden ebenso abgestoßen wie die Deutschen. Diese waren - gekennzeichnet durch Schläfenlocken, Bart, Strejmel, Kaftan und Scheitel - die Fremden par excellence, die peinliche Mischpoche. Überdies glaubte die Oberschicht, daß antisemitische Aktionen sich ausschließlich auf die hergelaufenen Massen beschränken würden. Das Menetekel von 1916, als im deutsche Heer eine Judenzählung erfolgte, war vergessen. Den Pogrom vom November 1923 im Scheunenviertel tat man als Hungerrevolte ab . . .

9. November 1923 in Berlin. Fünf Jahre zuvor stürzte der Kaiser und machte der Republik von Weimar Platz. Diesmal ist es ein trüber, regnerischer Tag, und vor dem Arbeitsamt in der Alexanderstraße stauen sich Zehntausende von Erwerbslosen. In ihre klammen Mäntel zusammengekrochen, warten sie seit Stunden auf die Öffnung der Schalter, an denen die Stütze ausgegeben wird. Die Inflation galoppiert, der Wertverfall des Geldes vollzieht sich in wenigen Stunden; was man am Morgen für eine bestimmte Menge bedruckten Papieres noch kaufen kann, erhält man schon am Abend nicht mehr. Deshalb muß man Punkt 11 Uhr die Unterstützung abholen und sofort für Lebensmittel ausgeben, ehe sie nur noch den Bruchteil ihres theoretischen Wertes hat.

Doch die Schalter öffnen sich nicht. Die Wartenden murren und scharren mit den Füßen. Gegen zwölf verkündet eine Beamtenstimme, man solle nach Hause gehen, es sei kein Geld da.

In die Pause des Entsetzens springen „gewerbsmässige Agitatoren", wie anderentags die Presse meldet, die den Unmut zu steuern versuchen. Die in der Münz-, Dragoner- und Grenadierstraße hausenden „Galizier" hätten das Notgeld planmäßig aufgekauft, allein sie hätten Schuld, daß man nun mit leeren Händen nach Hause ziehen müsse. Ein Wort ergibt das andere, das dumpfe Grollen steigt vom Bauch in die Köpfe. Auf ins Scheunenviertel, brüllen einige, und schon setzt sich die Masse wütend in Bewegung.

Ehe man sich versieht, splittern in der Münzstraße die ersten Schaufensterscheiben, namentlich „jugendliche Burschen" fallen in die Geschäfte ein, verprügeln die verschreckten Verkäufer und harmlose Kunden, reißen ihnen die Kleider von den Leibern und stürzen weiter.

Eine Stunde lang drischt und plündert unbehindert der Mob, systematisch arbeitet er sich von Haus zu

Haus und schlägt jeden Passanten nieder, der auf der Straße angetroffen wird und das Pech hat, wie ein Jude auszusehen.

Dann erst erscheint die Schutzpolizei und sperrt Grenadier-, Linien- und Dragonerstraße ab. In der Münzstraße sammelt sie einen halbtot geschlagenen jungen Juden auf. Doch statt ihn ins Krankenhaus zu bringen, nimmt man ihn in Schutzhaft und transportiert ihn zum Polizeipräsidium.

In der Lothringer Straße 16 öffnet Munter sr. das Tor, als ein blutender Jude die Straße herunterhetzt, gejagt von einer Handvoll Männer. Der elfjährige Arnold sieht, wie der Vater den Blutenden hinter die schützenden Planken reißt und den Schlüssel im Schloß dreht. Als der Mann wieder atmen kann, stützt ihn der Vater und führt ihn hinauf in die Wohnung. Er wischt ihm das Blut aus dem Gesicht und verbindet die Wunden. Am Abend bringt ihn Munter nach Hause, Arnold sieht nur noch, wie der Papa ein langes Küchenmesser unter seine Jacke steckt, ehe er mit dem Manne weggeht.

Das Vorgehen der Polizei legt den Schluß nahe, daß sie eher auf seiten der Marodeure als der Angegriffenen steht. Als solcher Verdacht öffentlich geäußert wird, erklärt ein Oberst Kaupisch der Presse, „daß er eine antisemitische Einstellung der Schutzpolizei sowohl bei den Mannschaften wie im Offizierskorps für vollkommen ausgeschlossen halte. Der Kommandeur der gestern im Scheunenviertel eingesetzten Polizeimannschaften, Major Strebe, sei als politisch liberal bekannt."

Dem stehen Beobachtungen von Betroffenen und Augenzeugen entgegen. Ein jüdischer Arzt, der seine Praxis im Scheunenviertel hat, und von dem nur die Initialen H. B. aus der Jüdischen Rundschau bekannt sind, erlebt, wie gegen 14 Uhr aus einem Handgemenge heraus geschossen wird. „Wer den Schuß abgegeben hat, weiß ich nicht. Jedenfalls war er das Signal für die Menge, erneut über uns herzufallen. Wir wehrten uns, so gut es ging. Ein Automobil mit einem Major und zwei Schupoleute erschienen. Der Mob stob auch im selben Augenblick zurück. Der Major gab aber sofort das Zeichen, weiterzufahren, obwohl es den Beamten mit unserer Unterstützung, zu der ich mich erbot, ein Leichtes gewesen wäre, Ordnung zu schaffen. Das Auto trug die Nummer IA 6108. Danach bedrängte uns die Menge verstärkt, bis ein größeres Auto mit Schupomannschaften erschien. Die Schupomannschaften schritten unter dauernden Mißhandlungen schwerster Art zu unserer Verhaftung. In der Kaserne in der Alexanderstraße auf dem Hofe mußten wir inmitten von ungefähr 200 Schupobeamten mit erhobenen Händen Aufstellung nehmen und wurden wiederum schwer mißhandelt. Mir selbst ist der Mittelhandknochen der rechten Hand zerbrochen worden."

Dr. H. B. ist über das Vorgehen aufgebracht, weil er ein guter Staatsbürger ist und sein Engagement fürs Vaterland als hinlängliche Garantie für loyale Behandlung durch eben diese Staatsmacht begreift (ein weitverbreiter Irrtum, den beispielsweise auch Arnold Munter noch in Theresienstadt beobachten mußte, und der bis in die deutschen Gegenwart nicht aussterben sollte). „Ich habe vier Jahre an der Front als Arzt mitgemacht, bin Schwerverwundeter, bin im Besitz des Eisernen Kreuzes II. und I. Klasse und des Sächsischen Ritterordens", erklärt er und hofft, das treibe den Verantwortlichen die Schamröte ins Antlitz. Und dann verwendet er gar einen Begriff, der heutzutage in anderem Sinne Verwendung findet, doch er meint ihn so, wie er lautet: Rechtsstaat. „Die Zustände machten auf mich einen Eindruck, als ob ich mich in einem Rechtsstaat befände."

Der Verdacht, in einem rechten Staat zu leben, wird auch von anderen Opfern geäußert. Als sich die Plünderungen in angrenzende Stadtbezirke ausdehnen, läßt sich der Geschäftsführer des Verbandes Groß-Berliner Ortsgruppen des Zentralvereins deutscher Staatsbürger jüdischen Glaubens ins Zentrum kutschieren. In der Hirtenstraße wird er „von einem gutgekleideten völkischen Agitator, der mit einem Überfallkommando arbeitet", festgehalten mit dem Ruf, der Jude habe mit dem Messer gestochen. Sofort schlägt der Trupp mit Fäusten und Knüppeln auf ihn ein, und aus dem Kreis der Umstehenden, unter denen „besonders Frauen und ganz junge Leute übelsten Aussehens" sind, kommt der ermunternde Zuruf: „Zieht ihn aus! Umlegen!" Ein Schutzpolizeikommando rettet schließlich den jüdischen Amtsträger.

Die Plünderungen und Überfälle setzen sich in der Nacht fort. Im trüben Licht der flackernden Gaslaternen durchkämmen Polizeiketten die finsteren Gassen, ihre Schnürstiefel schreiten über knirschende Glasscherben. Überall aber hört man noch das wütende Brüllen des marodierenden und plündernden Pöbels; den Aufforderungen der Polizei „Straße frei!" und „In die Häuser treten!" leisten nur die in unmittelbarer Nähe Stehenden Folge. „Die Menge geht langsam weiter. Überall mit dem selben Schreien: ‚Schlagt die Juden tot!' Agitatoren haben das verhungerte Volk lange genug bearbeitet, daß es sich auf jene armseligen Gestalten stürzt, die in einem zerfallenen Keller in der Dragonerstraße ihren elenden Produktenhandel betreiben."

Der Zeitungsreporter der Jüdischen Rundschau findet unter dem Eindruck des Entsetzlichen die einzig zutreffende Wertung: „Es ist aufgepeitschter Rassenhaß, nicht Hunger, der sie zum Plündern treibt."

Der Schriftsteller Arnold Zweig ergänzt am 23. November 1923 im gleichen Blatt, daß der hier beobachtete Antisemitismus wohl doch keine ausschließlich osteuropäische Erscheinung sein müsse. „Die Dekorationen sind gefallen, die schönen Anstriche abgewaschen von Blut und Not, und hohl und kraß zeigen sich die kontinentalen Völker alle aus gleichem Holze und alle noch in derselben geistigen Eigenart, die sie in den Kreuzzügen und zur Zeit des Schwarzen Todes unsere Vorväter hinopfern ließ, sei es, weil sie ‚die Brunnen vergiftet hatten', sei es einfach, weil sie Juden waren."

Und trotzdem: Dieser erste Pogrom im zivilisierten Deutschland des 20. Jahrhunderts wurde von vielen Juden wie von deutschen Demokraten als Hungerrevolte heruntergespielt und aus dem öffentlichen Bewußtsein rasch verdrängt. Der Scheunenviertel-Exzeß findet sich - im Unterschied zu dem gewiß weit blutigeren von 1938 - in kaum einem deutschen Geschichtsbuch. Man hat ihn verdrängt, vorsätzlich vergessen. Er paßte den einen nicht ins Bild der Demokratie von Weimar, denn die Hauptmasse der Beteiligten waren nicht Nationalsozialisten oder Kommunisten, sondern ganz normale Deutsche. Und den anderen fiel die geschichtliche Einordnung schwer. Den Unbefangenen aber zeigte sich: In einem erfolgreichen Laborversuch wurde erstmals praktiziert, wie aus einem agitatorischen Funken eine mörderische Flamme entzündet wird ...

Von den am 16. Juni 1933 in Berlin registrierten 160 564 Glaubensjuden wurden von den Nazis bis 1945 mehr als 90 000 ins Ausland vertrieben, 55 000 in Konzentrationslagern ermordet, 7 000 in den Freitod gehetzt.

Etwa 8 000 Berliner Juden überlebten das Terrorregime, weil 1 400 von ihnen in den Untergrund gegangen waren, 1 900 das KZ überstanden, 4 700 einen deutschen Ehepartner hatten.

Alle Zahlen tragen für Statistiker den Makel der Unkorrektheit. Obgleich in der Regel von rund 170 000 Juden ausgegangen wird, die vor 1933 in Berlin gelebt hätten, nennen andere Quellen 225 000 im Jahre 1928 und fügen den Zusatz an, es könnten noch wesentlich mehr gewesen sein, denn bei der Volkszählung drei Jahre zuvor hätten es sehr viele aus unterschiedlichen Gründen vorgezogen, sich nicht als Juden im konfessionellen Sinne in den Unterlagen ausweisen zu lassen. Das Schuldenkonto der Deutschen ist also eher größer, als amtlich ausgewiesen.

Und nun kommen wieder Juden aus dem Osten. Sie werden diese Lücke nicht füllen und diese Wunde nicht schließen. Sie hören mitunter zum ersten Mal, was das überhaupt ist: Jude. Sie kommen meist aus Städten, sind beruflich gut qualifiziert, entstammen der technischen, medizinischen und künstlerischen Intelligenz. Hin und wieder sind auch schwarze Schafe darunter, die das Ticket nutzten, um ihren halb- oder nichtlegalen Geschäften in Deutschland nachzugehen. Landsleute äußern gelegentlich Zweifel an der jüdischen Herkunft des Zimmernachbarn, obgleich dessen Papiere einwandfrei erscheinen. Alles ist käuflich, auch ein Stammbaum. Doch das sind die Ausnahmen, die in jedem Volk die Regel durchbrechen.

Die Ankömmlinge wohnen nicht mehr im Ghetto Scheunenviertel, sondern in Heimen an der Peripherie der Stadt. Ungastliche Armeebauten oft, die man anderweitig nicht nutzen kann. Irene Runge spricht von einer doppelten Isolation: Die Einwanderer bleiben unter sich, leben und sprechen weiter russisch. Und das in einer Situation, da sie einen dreifachen Kulturschock erleiden - den Verlust ihrer bisherigen, die notwendige Anpassung an die deutsche und das Vertrautmachen mit der jüdischen Kultur, mit jüdischer Religion und Tradition.

Drei Beispiele stehen für viele andere.

Stephan Lewin, ein 45 Jahre alter Moskauer, blieb mit Frau und Kind im Sommer 1990 in Berlin, als er eher zufällig hörte, die DDR nehme Juden aus der Sowjetunion auf. Zehn Jahre zuvor hatte er einen Antrag auf Ausreise in die USA gestellt, der ihm abgelehnt worden war. Ihn störte der alltägliche Antisemitismus. Obgleich er in den sowjetischen Medien wiederholt las, daß die Judenfeindlichkeit in Deutschland groß wäre, habe er in seinem Betrieb, in dem er als Elektriker arbeitet, nichts davon gespürt. Er habe sich den Kollegen vorgestellt, er sei Jude aus der Sowjetunion. „Sie sind erstaunlich fürsorglich. Mit einer Zuneigung, die für mich neu ist. Das habe ich nicht erwartet. Keinen einzigen schrägen Blick von den Kollegen, im Gegenteil, sie bringen mir Sachen und kleine Geschenke für meine Tochter mit. Kurzum, ich bin aufgenommen worden ganz anders, als ich dachte." Natürlich erlebte er auch Antisemistismus. Am 20. April, Hitlers Geburtstag, gab es schon mal Krawall vor seinem Haus. Da brüllten ein paar Idioten „Juden raus! Scheißjuden!". Die anonymen Schreihälse gingen aber sofort stiften, als Lewin nachsah.

Eine andere Familie. Victor und Inga N. sind 31 und 25 Jahre alt. Mit ihren beiden Söhnen Nikolai und Dmitri bezogen sie im Frühjahr 1991 zwei Zimmer im Aufnahmeheim Hessenwinkel. In diesem ehemaligen Armeeobjekt, das von der Arbeiterwohlfahrt verwaltet wird, leben rund 200 jüdische Einwanderer. Das Gelände ist umgeben von gediegenen Einfamilienhäusern, denen man die Bezeichnung Villen durchaus schon zuerkennen könnte. Die Bewohner sorgen sich vermutlich nur um ihre Gärten und sonst um nichts - die Heiminsassen haben sie bisher nur durch den Zaun gesehen.

Victor ist Elektroschweißer und Kraftfahrer von Beruf, seine Mutter Jüdin, der Vater Russe. Aufgewachsen ist Victor in Vilnius. Litauen aber blieb ihm fremd. Ingas Mutter ist Belorussin, der Vater Lette, sie lebte in Litauen und hat keinen Beruf. Warum sind sie gekommen? Wegen der wirtschaftlichen Lage, wegen der

Versorgung der Kinder, wegen des litauischen Nationalismus, der sich gegen sie als Russen richtete. Sie sitzen im Heim und warten, daß man ihnen Arbeit und Wohnraum und anderes zuteilt, sie haben warten gelernt und nicht, wie man sich um sich selber kümmert. Vielleicht, sagen sie, gehen sie eines Tages wieder zurück, wenn sich die Lage in Litauen gebessert hat.

Vielleicht, vielleicht. Es ist schwer für sie, seßhaft zu werden. In Berlin gelten sie als auswärtige Juden, in Vilnius als Russen, in Rußland als Litauer... Sie hatten vor dem Zerfall der Sowjetunion nicht an Emigration gedacht, warum auch? Als sie es dann in Erwägung zogen, rechneten sie durch: Israel ist zu weit und auch zu kriegerisch, die USA nehmen nur eine bestimmte Anzahl auf. Deutschland kennt keine Quoten und hat einen hohen Lebensstandard. Also BRD. „Wir wußten, hier in Deutschland leben die Menschen gut", sagt Nikolai. Er meint auch den deutschen Osten. Er sieht ihn aus der Perspektive des osteuropäischen Zuwanderers.

Beispiel Nummer drei. Stanislaw Zaides, genannt Stas, und Witali Tscherbin kamen als Einundzwanzigjährige am 28. Dezember 1990 nach Berlin. Es war ihre dritte Deutschlandreise in jenem Jahr, weil sie bei der zweiten im August ihre Musikinstrumente zu Hause in Rostow am Don gelassen hatten und darum die Aufforderung zum Hierbleiben noch nicht annehmen konnten. „Rußland ist ohne Zukunft", meinen sie. „Wir wollen als Juden in einer modernen Gesellschaft leben. Das heißt, wir werden die deutschen Gesetze und Regeln lernen, aber wir dürfen darüber die jüdischen Traditionen nicht vergessen, die Kultur, die Bräuche, die Feiertage." Im Jüdischen Kulturverein spielen sie mitunter auf, wenn sich die russischsprachigen jüdischen Einwanderer einmal im Monat an einem Donnerstag treffen. Wetscherinka heißt dieser Abend. Gelegentlich schaute auch Markus Wolf vorbei, als er wieder in Berlin war und den Stadtbezirk Mitte nicht verlassen durfte, weil dies der Generalbundesanwalt so verfügt hatte. Der einstige Geheimdienstchef der DDR und Sohn des von den Nazis verfolgten Dichters Friedrich Wolf, lebte selbst lange in der Sowjetunion als Emigrant. Er weiß, wie das ist, wenn man fremd ist und keine Freunde kennt. Und er ist, wie sie, jüdischer Herkunft.

Stas und Witali hatten Freunde, die besorgten ihnen ein Zimmer zur Untermiete, damit sie nicht ins Aufnahmelager mußten. Heime sind in den Augen der beiden „wie der Sumpf, wie Rußland. Man sitzt und beredet sich jeden Tag, immer wieder, nur reden, und nichts ändert sich. Da sitzen die Menschen, und sie warten. Wir sind nach Berlin gekommen, weil wir nicht warten, nicht vegetieren wollten wie zu Hause. Wir wollten endlich leben. Im Heim kann sich ein Leben nicht wirklich entfalten. Man ist einfach nur da, und man wartet. Das ist wie in der Sowjetunion. Und das wollten wir nie mehr sein."

Die beiden selbstbewußten jungen Musiker studieren inzwischen an der Musikhochschule Jazz und setzen ihre am Rostower Konservatorium begonnene Ausbildung fort. Mittlerweile hat jeder eine kleine Wohnung, Stas will die Familie nachkommen lassen: Frau, Kind, Mutter, Vater, Bruder Roman und die Großmutter. Obwohl sie viel und auch nachts auf Straßen und Bahnhöfen spielen, um etwas Geld zu den 500 DM Sozialhilfe hinzuzuverdienen, haben sie noch keine üblen Erfahrungen machen müssen - abgesehen von einigen übereifrigen Polizisten, die sie vertrieben haben, als sie Gitarre und Fidel malträtierten.

Stas und Witali werden ihren Weg machen. Sie haben es nicht nötig, in höflicher oder devoter Dankbarkeit den Deutschen Schmeicheleien zu sagen, sie sind nicht obrigkeitsstaatlich deformiert und harren nicht auf Zuwendung. Der Geist der Stagnation hat sie nicht lahmgelegt, sie sagen offen, was sie denken. Und das klingt aus jüdischem Mund sogar ein bißchen seltsam. „Die Deutschen sind logisch. Sie denken nach, denken lange voraus, und dann machen sie es genau so, wie sie es sich vorher ausgedacht haben, nicht einfach nur so, nicht einfach spontan. Das deutsche Volk ist ein Volk mit einem eisernen Willen. Es ist doch kein Zufall, wie sich gerade hier der Faschismus durchgesetzt hatte. Das ist wirklich bemerkenswert. Die deutsche Nation ist Bach, ist die Wissenschaft, sind all diese großen Künstler und Hitler. So ist das eben. Und das deutsche Volk wird immer so bleiben, wenn es sich nicht mit den anderen Völkern mischt. Dieses Volk ist wirklich etwas Besonderes, und darin liegt auch eine Gefahr."

Arnold Munter aus jüdischem Hause, Überlebender des Holocaust, Touristenführer im Scheunenviertel, hat erfahren, was die beiden meinen. Als er noch im Jüdischen Boxklub Berlin die Fäuste schwang, wollten ihm ein paar SA-Leute am Schönhauser Tor an die Wäsche. Er war gut trainiert und konnte sie in die Flucht schlagen - in des Wortes ursprünglicher Bedeutung. Am nächsten Tag steckte im Briefkasten ein Zettel: „Dich Sau kriegen wir noch!"

Ähnliche Versprechungen vernahm er nach der Wende wieder. Der Rohrleger, Dachdecker und Klempner Arnold Munter hat zwischen 1960 und 1980 als Sekretär der Nationalen Front in Pankow gearbeitet. Das macht ihn in den Augen manches Mitläufers nachträglich suspekt. Und daß er Jude ist sowieso. Heutzutage wie seinerzeit. Aber der jüdische Boxer weiß sich zu wehren, bis auf den heutigen Tag.

Der Mann in der Wohnmaschine

*Wie ein Theatertischler
die Kunst ins Scheunenviertel holte*

Man schrieb das Jahr 1988 und die Zeiten waren lausig. In der Kantine des Maxim-Gorki-Theaters hockten Kulissenmaler und Fotografen und Künstler beieinander und redeten ganz unverblümt, während sie ihren Mona-Kaffee aus dem Automaten schlürften. Der und der ist raus, ist in den Westen gegangen, die hat die Stasi abgeholt, dem ist die Bude dichtgemacht worden. In der Umweltbibliothek an der Zionskirche hat's wieder Zoff gegeben, die Galerien in der Schönhauser Allee und in der Knaackstraße sind geschlossen worden...

In Kreis der Aufmucker saß auch Friedrich Loock. 19 Jahre jung, Tischler von Beruf und als solcher am Theater angestellt. Er saß stumm dabei, war meist mehr Zeuge denn Redner, und eines Tages sagte er, als sei es die normalste Sache von der Welt: Na, dann laßt uns doch endlich was machen!

Die Leute am Tisch schauten sich ein wenig verdutzt an und meinten dann: Okay, warum nicht. Einer aus ihrer Mitte, Wolfram Erhardt, genannt Wollo, erklärte, die erste Ausstellung machen zu wollen, und auch der Ort schien schon beschlossene Sache: In einem Eckgebäude an der Tucholsky-/Auguststraße.

Dort hatte der Theatertischler Loock die leerstehende Wohnung einer Freundin Anfang des Jahres besetzt. Die Wohnungsinhaberin war nach gescheitertem Fluchtversuch in den Knast gekommen und bald freigekauft worden. Friedrich, der bei seinen Eltern in der Wilhelm-Pieck-Straße lebte, knackte daraufhin das Schloß und nahm Quartier.

Die Kommunale Wohnungsverwaltung (KWV) legalisierte den Akt bereits nach wenigen Monaten, denn zu jener Zeit war es vergleichsweise schwierig, Mieter in die Spandauer Vorstadt zu bekommen - die Fluchtbewegung aus dem Kiez war stärker als der Drang von Wohnungssuchenden, sich ausgerechnet dort niederzulassen. In dieser Gegend bröselte wie überall in der Stadt der Putz von den Wänden, fraß der Schwamm sich seit Jahrzehnten durchs morsche Gebälk. Verfall und Verwahrlosung schienen weiter fortgeschritten zu sein als anderenorts.

Man mußte den Platz schon über die Maßen lieben, wenn man ihn zur eigenen Adresse machte. So waren die Wohnungsverwalter fast dankbar, wenn jemand seine Bereitschaft erklärte, dem Untergang sich entgegenstemmen zu wollen, indem er ein leerstehendes Quartier in bewohnbarem Zustand hielt.

Der Sohn zweier Ärzte namens Loock, musisch begabt und seinerzeit noch vom Wunsche durchdrungen, an der Kunsthochschule das Fach Bühnenbild zu belegen, hatte also im Sommer 1988 eine 50 Quadratmeter große Wohnung und etliche Freunde mit Frust. Da kam ihm eine Idee. Bei Visiten - etwa in der Nationalgalerie am Lustgarten - hatte er die Erfahrung gemacht, daß die meisten Besucher solcher Heiligtümer eine imaginäre Hemmschwelle nie überschritten. Auch ihm ging es immer so: Er fühlte sich draußen, nicht dazugehörig. Die Kunst, die er neugierig begaffte, hatte nichts mit ihm zu tun, ebenso der ganze Ausstellungsbetrieb. Es gab wechselseitige Berührungsängste. Die wollte er überwinden, indem er unter einem - seinem - Dach ausstellen/wohnen/kommunizieren wollte.

So kreuzten sich also subjektive Interessen und objektive Umstände, und der Punkt, wo sie dieses taten, hieß Wohnmaschine. Den Namen entlehnte er dem Titel einer Fotografie aus der ersten Ausstellung, und Wolfram Erhardt wiederum hatte ihn bei Le Corbusier

Der Kreative: Friedrich Loock verwandelte seine Wohnung in eine illegale Galerie

gefunden. Und dies alles geschah im November 1988, als im Scheunenviertel die erste illegale Galerie öffnete.

Zu Dissidenten besaß Loock keine Kontakte. Über Dritte empfing er aber ausreichend Nachrichten, um die Fallen zu erkennen, in die andere bereits getappt waren. Natürlich war und ist Kunst, wenn sie gut ist, subversiv, und wenn sie sich außerhalb der etablierten, also kontrollierten Galerien präsentierte, waren die Tugend- und Staatswächter nicht weit.

Loock aber empfand sich nicht als Widerstandskämpfer oder Oppositioneller, er wollte lediglich „was machen", um der allgegenwärtigen Agonie entgegenzuwirken. Also hielt er sich an die ungeschriebenen Spielregeln. Die Vernissage zur ersten Exposition war, wie alle nachfolgenden, eine private Feier. Die ganze Szene versammelte sich in seiner Wohnung, die Einladungen kosteten 5 Pfennig Porto pro Stück, die Bilderrahmen hatte er selbst angefertigt, den Rotwein brachten die Besucher mit. Alles in allem investierte er in seine erste Ausstellung, die zwei Monate währte, keine 50 Mark. Beim Auftakt lernte er den nächsten Künstler kennen, der dann ab Januar 1989 bei ihm ausstellte. Der erste Dominostein war angestoßen, nun setzte sich der Automatismus in Bewegung.

Loock mied mit Vorsatz Offizielle, er druckte weder Plakate, noch hängte er öffentlich Einladungen aus. „Wohnmaschine" stand auf dem alten Fahrrad, das draußen an der Mauer lehnte, „Malerei, Plastik, Fotografie". Das Wort Galerie suchte man vergebens. Schlafende Hunde wurden nicht geweckt.

Zweimal in der Woche öffnete der Tischler die Wohnmaschine fürs Publikum, meist erst am Abend, nach dem Tagwerk. Die Besucher kamen aus der Gegend, sie kannten sich, man war entre nous, in Familie sozusagen. Die Ostberliner Szene war eine ziemlich geschlossene Gesellschaft, soweit man heute noch von geschlossen sprechen kann angesichts des Wissens aus der Gauck-Behörde. Vielleicht hat hier aber wirklich niemand Berichte geschrieben, oder - was Friedrich Loock annimmt - er sei so unbedeutend gewesen, daß ihn Schild und Schwert der Partei mit Mißachtung straften.

Dies wiederum ist anzuzweifeln, denn als in der Mitte des neunundachtziger Jahres immer mehr DDR-Deutsche der ungarisch-österreichischen Grenze zustrebten, bekam Loock häufig uniformierten Besuch. Fast täglich, mindestens aber pro Woche einmal. Asozialität - ein beliebter Arretierungsgrund - konnte ihm nicht vorgeworfen werden, denn er fertigte brav für einen Monatslohn von 750 Mark Kulissen in der Theaterwerkstatt und zahlte ordentlich seine Miete. Auch gab er den Abgesandten auswärtiger Medien keine staatsfeindlichen Interviews, was man als illegale Verbindungsaufnahme mit dem Klassenfeind juristisch hätte verfolgen können.

Die Tatsache, daß dort etwas außerhalb der Kontrolle des staatlichen Kulturbetriebes lief, war subversiv an sich, aber ohne erkennbaren Anlaß nicht zu verbieten. So nahm man die laute Musik, die hin und wieder aus Loocks Wohngalerie drang, zum Stein des Anstoßes. Der Wohnungsinhaber jedoch, gleichermaßen naiv wie gerissen, bat die Beamten (die damals noch keine waren) in die Wohnung, bot ihnen Tee an und lud sie zum Betrachten seiner Bilder ein. Diese Offenheit hat sie jedesmal entwaffnet.

Nur einmal ging es fast schief. Loock hatte die Eröffnung der neuen Ausstellung auf seinen Geburtstag gelegt und dem ABVer, dem Abschnittsbevollmächtigten der VP, beizeiten signalisiert, es werde vermutlich etwas spät und laut werden: Er möge nachsichtig ein Auge und beide Ohren zudrücken. Doch plötzlich fuhr ein Polizeiauto vor, die Uniformierten stürmten herein und erklärten, hier ist jetzt Feierabend, die Leute sollten verschwinden, und er, Loock, kommt mit aufs Revier. Dort warf man dem Delinquenten die obligate Störung des sozialistischen Zusammenlebens vor, leitete ein Ordnungstrafverfahren ein und verlangte 200 Mark von ihm.

Moment mal, widersprach der Vorgeführte, er habe doch ordnungsgemäß die Feier beim Abschnittsbevollmächtigten angekündigt und von diesem kein Verbot erhalten. Das interessiere nicht, bekam Loock zu hören, so etwas könne man im übrigen gar nicht anmelden. Doch der junge Mann ließ sich nicht ins Bockshorn jagen und bestand auf Anhörung des ABV, denn irgendwie schien die Sache inszeniert. Daß man schließlich die Strafe herunterfeilschte auf ein Viertel der ursprünglich geforderten Summe, verstärkte eher diesen Verdacht, als daß es ihn ausräumte.

Danach wurde es vergleichsweise ruhig in der Wohnmaschine, der letzten alternativen Galerie in der Hauptstadt der DDR. Die Ausstellung im September 1989 sahen vielleicht noch 20 Leute, die anderen Kunstfreunde aus der Szene saßen in Budapest und Prag in den Botschaften oder bereits in irgendwelchen bayrischen Aufnahmelagern.

Loock wähnte sich als letzter Mohikaner. Doch er hatte auch das Gefühl, daß es so bestimmt nicht mehr lange weitergehen würde. Abwarten und Tee trinken, dachte er sich, irgendetwas wird schon passieren. Am 4. November, am Tag der großen Demonstration in Berlin, eröffnete er die erste Ausstellung des Comic-Zeichners Fickelscherer, und ein Schauspieler vom Deutschen Theater las ein bis dato verbotenes Stück. Fünf Tage später brach die Mauer, das Stück kam auf die Bühne und fiel durch, weil es von der Zeit inzwischen überholt worden war, und Fickelscherers ungehöriger Spruch: „Ich ficke Lieschen und esse Radieschen. Ich lebe halt gesund!" verlor binnen kurzer Zeit seine umstürzlerische Sprengkraft.

So war das also, als die Kunstgeschichte in die Zeit vor und in die Zeit nach dem Mauersturz zerfiel. Die Wertigkeitsskala erfuhr eine Zäsur. Was vorher entstanden war, wird heute anderes be- und gehandelt als die jüngere Kunst. Die Geschäfte des Autodidakten Friedrich Loock, Galerist und Kunsthändler, laufen an, die vier Jahre beginnen sich zu rechnen. Über vierzig Ausstellungen hat er inzwischen organisiert, er hat etliche Künstler unter Vertrag, doch diese Bindungen rühren aus gemeinsamer Vergangenheit und sind noch immer stärker von Emotionen denn von merkantilen Erwägungen geprägt. Hier ist etwas organisch gewachsen, was mit den Jahren eventuell auf der Strecke bleiben wird, doch gegenwärtig ist es für beide Seiten ein guter Rettungsring.

Das Kapitel DDR hat Loock abgeschlossen, das Thema ging ihm bald „auf den Kranz"; mit „Kollaps-

Collagen" von Thomas Günther, einem Mittdreißiger, der die DDR mit Knast und Repressionen von ihrer schlimmsten Seite kennengelernen mußte, verabschiedete sich Loock von der Vergangenheit. Er kann dies, denn er gehört jener Generation an, die ohne sichtbare Narben aus dieser Republik gekommen ist. Er spürt - im Unterschied zu anderen, die noch immer ihre alten Wunden lecken und darüber den Schmerz der neuen vergessen - die aktuellen Verletzungen stärker, denn es sind die ersten, die ihm zugefügt werden.

Friedrich Loock gleicht damit Ingo Meyer, der die Kiez-Zeitung „Scheinschlag" herausgibt. Das aufmüpfige, durch ABM-Stellen am Leben gehaltene Blatt der Bürgerbewegung kennt Loock zwar, aber nicht den drei Jahre jüngeren Macher, der nach dem Abitur im Wendejahr sich auf dieses Projekt stürzte. Meyer ist Autodidakt wie er, frei von Blessuren der Vergangenheit und daher unvoreingenommen kritisch gegenüber den neuen Verhältnissen, die über den Ostteil der Stadt hereingebrochen sind. Im Herbst 1992 siedelte die Redaktion von der Steinstraße in die Tucholskystraße um und nahm Quartier in einem ehemaligen Lebensmittelladen gegenüber der Wohnmaschine. Am 7. Oktober, dem Geburtstag der untergegangenen DDR, luden die Scheinschläger zur öffentlichen Eröffnungsfete. „Kommt allein, zu zweit oder zu dritt mit Euren Ideen, aus allen Ecken und Winkeln, traut Euch hervor. Wir erwarten Euch."

Einer von dieser Sorte Mensch hatte an die Haustür der Nummer 11 in der Mulackstraße mit weißer Farbe geschrieben: „Wir wollen keine Werbung. Wir wollen dichte Dächter und trockene Wände." Sprüche widerständiger Art gibt es zu Dutzenden im Kiez. Diese trotzige Parole aber erfuhr die gleiche Behandlung wie schon einmal ein berühmter Spruch zuvor, was uns von Brecht überliefert wurde, der an der Peripherie des Viertels einst arbeitete und lebte. Die Wohnungsverwalter schickten im März 1992 jemanden mit roter Farbe, die Inschrift zu tilgen. Die Bewohner des Hauses, obgleich nicht die Autoren der revoltierenden Botschaft, weigerten sich nämlich, dieses selbst zu tun, denn ihre Empfindungen deckten sich durchaus mit dem Inhalt des Appells. Der Streikbrecher erschien in der sechsten Stunde, im Schutze des niedersinkenden Abends, und setzte also den Pinsel an. Und Schreck und Wunder: Anderentags, als sich alle Blicke wie von selbst auf die feuerwehrrote Pforte in dieser grauen Häuserzeile richteten, schimmerte deutlich ein heller Schriftzug hervor: „Wir wollen keine Werbung. Wir wollen dichte Dächer und trockene Wände!" Durch die auffällige Fassung, die er bekommen hatte, wurde dem Appell nun eine Aufmerksamkeit zuteil, die ihm vordem versagt geblieben war in dieser mit Mauerlosungen gesegneten Gegend.

Künstlerische Mitteilungen erfahren im Scheunenviertel Inflation, bildende Kunst hat in der Gegend eine Heimstatt bekommen. Mittlerweile zählt man 15 Galerien, und bis auf jene von Friedrich Loock, die die älteste und einzig angestammte ist, reisten die Betreiber ausnahmslos aus dem Westen an. Auch das medienträchtige Tacheles in der Oranienburger Straße wurde von auswärtigen Hausbesetzern und Künstlern kreiert. Vieles, was dort entsteht, findet Friedrich Loock interessant, „obwohl es sich oft auf einer sehr dilletantischen Ebene bewegt". In seiner Galerie würde er das nicht ausstellen, doch ins Tacheles passe es.

In der Kaufhausruine leben und arbeiten Dutzende von Szenekünstlern - doch nur auf Zeit. Wenn das schwedische Unternehmen, das auch das angrenzende Gelände erworben hat, sich anschickt, den Grundbesitz durch Bautätigkeit zu veredeln, wird auch das Tacheles - entgegen allen Zusagen - gewiß sein buntes Aussehen verlieren und eine neue Zweckbestimmung erhalten.

Vor dem Tacheles: Objektkunst als Wegweiser

So überlagern sich die Perspektiven. Für manchen Anwohner hängen dort „de Kaputten 'rum", bei den Touristen regt sich wohliger Schauder, wenn sie vorbei- oder hineinschauen. Für die Medien zeugt die unorthodoxe Anstalt regelmäßig Schlagzeilen (auch solche, daß jemand aus dem dritten Stock in die Tiefe stürzte). Für die Leute vom Fach hingegen ist das Tacheles Humus im Kunstbetrieb der Stadt. Loock meint, von daher könne „das Ding" gar nicht überschätzt werden. Nicht das, was dort an Kunst entstünde, mache die Bedeutung des Tacheles aus, sondern wie sie zustande kommt, im kreativen Miteinander, in der wechselseitigen Befruchtung und in der Vermittlung eines sinnfälligen Lebensgefühls. Es sei ein Ort unbegrenzter Möglichkeiten, von dem Impulse fürs Territorium ausgingen, und zugleich auch eine sozialtherapeutische Anstalt. „Ich kenne einige der dortigen Künstler", sagt Loock, „die sind echt fertig von Drogen, die sie im früheren Leben nahmen."

Der Wohnmaschinen-Betreiber hat eine andere Sicht auf diese Materie als viele andere. Als im Juni 1992 entlang der Auguststraße die Kunstaktion „37 Räume" stattfand, hat er dies sehr begrüßt. Es wäre eine einmalige Gelegenheit gewesen, 37 verschiedene Künstler unter einem Motto zu vereinen, darunter auch solche, die sich normalerweise aus dem Wege gingen. An keinem anderen Platz in Berlin habe man kurzfristig für die Dauer von zwei Wochen soviele Ausstellungsräume bekommen können, darum sei die Chance beim Schopfe gepackt worden. Was dann im einzelnen geboten wurde, war oft einer Ausstellung nicht wert, sagt Loock.

Aber auch eine andere Interpretation ist richtig: Die Aktion benutzte das Scheunenviertel nur als Kulisse, die importierte Kunstshow lief an den dort lebenden Menschen vorbei. Der Senat hatte dafür einen sechsstelligen Betrag zur Verfügung gestellt und damit den an seine Adresse wiederholt gerichteten Vorwurf als völlig begründet gerechtfertigt, er würde viel Geld in Prestigeobjekte stecken und sich bei wesentlichen Entscheidungen pingelig und provinziell verhalten.

Gemäß dem Grundsatz, daß die Not stets nur für die anziehend ist, die sie nicht teilen müssen, mokierten sich die Anwohner über den Text im Ausstellungs-Programm: „In den zwanziger Jahren dieses Jahrhunderts galt das Viertel zusammen mit dem sich anschließenden Scheunenviertel als einer der am dichtesten bevölkerten Stadträume Europas. Ende der 80er Jahre war das Gebiet fast menschenleer und in insgesamt marodem Bauzustand. Die ersten Neusiedler waren dann Hausbesetzer, die Wohnungen, Fassaden und Höfe auf ihre Art umgestalteten." Die Behauptung, das Gebiet sei „fast menschenleer" gewesen, empfanden sie als ebenso falsch und unsinnig wie die Qualifizierung der Hausbesetzer als „erste Neusiedler".

Die Besiedlung dieser Gegend begann vor reichlich dreihundert Jahren. Die Gleise der S-Bahn zwischen den Bahnhöfen Friedrichstraße und Alexanderplatz verlaufen etwa auf der Linie der damaligen Stadtbegrenzung. Jenseits von Spree und Stadtwall errichteten die in Berlin und Kölln lebenden Ackerbürger Scheunen und Lagerstätten, weil ihnen dies die 1672 erlassene Feuer-Ordnung innerhalb der Stadtmauer untersagte.

Das derart genutzte Areal befand sich - nimmt man einen aktuellen Stadtplan zur Hand - zwischen (heutiger) Karl-Liebknecht-, Memhardt- und Münzstraße, Alter Schönhauser-, Linienstraße und Luxemburgplatz. Mehrere Scheunengassen reihten sich aneinander, die dann, als das Gebiet zunehmend auch der menschlichen Unterkunft diente, ihre geschichtsnotorischen Namen erhielten. Der Stadtplan von 1804 weist die Dragoner-, Münz- und Linienstraße, die Hirten- und die Schendelgasse, aber auch die Erste, Zweite, Dritte, Vierte und die Kurze Scheunengasse aus. Und weil die Grenadiere damals noch nicht sehr bekannt waren, hieß diese Häuserzeile damals noch Verlorene Straße.

Ein Teil jenes Scheunenviertels fiel 1906/07 der Spitzhacke zum Opfer. Das Motiv war durchaus löblich: Es sollte Luft, Licht und Sonne in das finstere Stadtviertel gebracht werden. Auf dem so gewonnenen Platz, benannt nach dem Preußengeneral Bülow - einem Mitstreiter Blüchers in der Schlacht bei Waterloo -, setzte der Architekt Oskar Kaufmann die Volksbühne, eine „freie Theateranstalt", die mit Arbeitergroschen finanziert wurde und gegen die Zensur der Wilhelminischen Ära gerichtet war. Ihr gegenüber entstand in den zwanziger Jahren, vom Architekten Pölzig entworfen, eines der ersten Filmtheater Berlins, das Kino Babylon.

Trotz der baulichen Eingriffe blieb das veränderte Scheunenviertel das Zentrum der Berliner Ostjuden. Besonders nach den Pogromen von 1880, 1904 und 1918 flüchteten viele aus ihren osteuropäischen Ghettos und ließen sich hier, auf dem Wege nach Amerika, nieder. Die meisten der sogenannten Galizier blieben jedoch in Berlin und lebten vornehmlich vom Straßenhandel. Sie prägten das ärmliche äußere Bild des Scheunenviertels.

Dieses wiederum gehörte zur größten Berliner Vorstadt, die sich seit der zweiten Hälfte des 17. Jahrhunderts jenseits der von Memhardt angelegten Festungsanlagen zu entwickeln begonnen hatte. Sie erstreckte sich vom damaligen Unterbaum im Westen (Höhe des Reichstages) bis zur Prenzlauer Straße im Osten (heute Karl-Liebknecht-Straße). Die nördliche Begrenzung bildete die Akzisemauer, die auf der Linie der heutigen Wilhelm-Pieck- und Hannoverschen Straße stand, wozu noch das Gelände der Charité kam.

Dieses Areal hieß Spandauer Vorstadt. Sie war zunächst eine Summe von Meiereien, Schäfereien, Ziegeleien und Holzplätzen, es gab Weinberge und einen kurfürstlichen Garten, der in einer Urkunde von 1598 als Viehhof der Kurfürstin vor dem Spandauer Tor ausgewiesen ist. Große Teile dieses Gartens ließ Sophie Charlotte, die zweite Frau des Kurfürsten Friedrich Wilhelm, 1691 und 1698 parzellieren und an Berliner Bürger übergeben.

Nach und nach wurden die Grundstücke bebaut. 1712 begann man mit der Errichtung einer Vorstadtkirche. Königin Sophie Luise stiftete 4000 Taler und ihren Namen sowohl für das Gotteshaus als auch für die vorbeiführende Straße. König Friedrich Wilhelm I. konnte seine Stiefmutter aber nicht leiden und taufte deshalb den Sakralbau um. Und die Kirchgasse erhielt erst vor rund 150 Jahren ihren heutigen Namen: Sophienstraße. Weil die Sophienkirche hier die erste war, gilt sie gemeinhin als die Mutterkirche des Berliner Nordens. Der vom Soldatenkönig Friedrich Wilhelm I. hinzugefügte 69 Meter hohe Glockenstuhl steht im Ruf, der schönste Barockturm Berlins zu sein. Der Wahrheit halber muß hinzugefügt werden: Allzuviele gibt es aus dieser Zeit ohnehin nicht mehr.

Die Besiedlung der Spandauer Vorstadt erfolgte zügig, vor allem nachdem 1750 Preußenkönig Friedrich II., der Alte Fritz, Memhardts Festungsanlagen schleifen und an der nach Norden verschobenen Stadtgrenze eine massive, aufwendige neue Stadtmauer setzen ließ. Künftig konnte die Vorstadt nur noch durch das Oranienburger, Hamburger, Rosenthaler, Schönhauser und das Prenzlauer Tor verlassen werden. Vornehmlich in dieser Zeit erhielt sie ihr Gesicht, und ihre barocken Falten blieben im wesentlichen unverändert. Die Straßen laufen anders als im übrigen Berlin, sind nicht streng geometrisch abgezirkelt wie sonst in der Stadt. Man spürt, daß das Viertel nicht auf dem

Reißbrett entstanden ist. Mal krümmen sie sich, streben sie spitzwinklig aufeinander zu. Mal öffnen sie sich überraschend oder verdichten sich zu einem Platz. Eben diese erhalten gebliebene historische Grundstruktur macht das Gebiet auch für Denkmalpfleger interessant. Den Umstand, daß dort seit 1920 kaum rekonstruiert wurde, quittieren alle bis auf den Finanzsenator mit großer Freude. Vergleichbares gibt es an keinem anderen Ort Berlins.

Das Areal, welches die 1658 angelegte Rosenthaler Straße in westliche und östliche Spandauer Vorstadt inklusive altem Scheunenviertel teilt, heißt heute im Volksmund wie auch in den meisten öffentlichen Darstellungen einfach Scheunenviertel. Gedankliche Verkürzung führt nicht unbedingt zur Präzisierung, mitunter jedoch zu einer deutlichen Markierung. Ein Allerweltsname wie Spandauer Vorstadt, der trotz lokalen Bezuges geographisch nicht fixierbar scheint und den Blick auf dem Stadtplan in die Irre führt, weicht einem singulären Begriff, dessen Botschaft vielen geläufig ist. Deutschlands größtes Nachrichtenmagazin kolportierte zu Beginn des einundneunziger Jahres: „Elendsquartier und Lasterhöhle, Revier der Ostjuden und Schauplatz von Straßenschlachten."

Das ursprüngliche, alte Scheunenviertel war in der Tat nie Berlins Schokoladenseite. Dennoch - oder vielleicht gerade deshalb - existieren vergleichsweise wenig schriftliche Überlieferungen oder literarische Zeugnisse. Nicht viel mehr findet sich zum übrigen Teil der Spandauer Vorstadt. Gewöhnlicher Alltag lieferte nicht den Stoff für Bücher oder Schlagzeilen. Die Schmuddelecke, als die das Scheunenviertel immer galt, wurde konsequent schamhaft verschwiegen, es war „ein Unort", wie Günter Kunert meint. Der Schriftsteller beschreibt das historische Scheunenviertel als „eine eigentümliche Mixtur aus vielen Bestandteilen, nicht nur Ghetto, nicht nur Unterwelt, nicht nur billiges

Amüsierviertel, nicht nur Zuflucht der aus Polen eingereisten armen Juden, nicht nur ein Zille-Milljöh. Gerade seine ungewöhnliche Zusammensetzung brachte den Ruf hervor, den das Scheunenviertel in Berlin genoß. Für die Juden, die in Berlin geboren und längst assimiliert waren, zeigte sich das Scheunenviertel genauso exotisch wie für ihre christlichen respektive ‚arischen' Mitbürger. Mit den Ostjuden, den Planjes, wie man sie abschätzig nannte, hatte man kaum Berührungspunkte."

In Kunerts Kindheitserinnerungen aus der Vorkriegszeit blieb nur wenig haften. „Von der bunten und grell beleuchteten Münzstraße ist ein bewegter Eindruck zurückgeblieben: Gestalten, vor denen sich wahrscheinlich nicht nur Kinder ängstigten, belebten die Straßen, krasses Auftreten, Torkeln und Geschrei, Menschengeschiebe, vorbei an engen Kneipen, aus denen Bierdunst und Speisengeruch über die Passanten herfielen, Kramläden und Kinos, und dazwischen drängte sich unaufhörlich klingelnd die Straßenbahn durch den Verkehr, in dem Pferdewagen, Handwagen, Karren und Motordreiräder gleichberechtigt mitzogen." Der Philosoph Kunert legt über das Scheunenviertel, für ihn „ein semantisch reiches Schlüsselwort, voll Verlockung und Schauder", die Schablone des Vergleiches und fragt rhetorisch, ob sich „etwa das Scheunenviertel als das Soho Berlins bezeichnen" ließe? Und er antwortet gleich selbst: „Nur das dichte Nebeneinander, die Verflechtung von Ehrbarkeit und rechtsbrecherischem Außenseitertum (wie sie uns beispielsweise Franz Biberkopf vorführt) bildet Berührungspunkte, riefe aber, unkritisch akzeptiert, falsche Assoziationen hervor." Also keine Kopie eines auswärtigen Stadtteils.

Selbst in des Scheunenviertels hoher Zeit zwischen 1900 und 1930 entstand ein Dementi. Wenige Jahre vor dem 1. Weltkrieg wurde der französische Schriftsteller Jules Huret, auf der Suche nach dem Berliner Whitechapel, nach Räuberhöhlen wie auf dem Montmartre, nach feuchten und dreckigen Elendsvierteln wie in Rom und St. Petersburg, von Berlins Polizeipräsidenten ins Scheunenviertel geschickt. „So begab ich mich denn hinter den Alexanderplatz in der Umgebung der Grenadierstraße auf die Suche und fand einige schon halb zerfallene Häuser vor. Wohl gewahrte ich hier und da eine Gruppe junger Zuhälter, reichlich verdächtige Gestalten, aber ohne jenes aufdringliche und liederliche Gebahren, das die unsrigen kennzeichnet. Ich gewann auf meiner Forschungsreise nur einen blassen Eindruck und sah nicht einen typischen Zug von deutscher Verkommenheit." Diesen fand Huret einzig unter den „ehrbaren Bürgern", den Stützen der Gesellschaft. Er traf ihn bei Militärs, Beamten und Akademikern: den Antisemitismus.

An dieser Stelle sei eine Geschichte jüngeren Datums eingefügt, die illustriert, wie diese unnachahmliche Mischung aus Gedankenlosigkeit, Ignoranz und Arroganz, mangelnden Instinktes und Fingerspitzengefühls uns durch die Jahrzehnte begleitet. Sie bildet den Grund, auf dem der Antisemitismus wuchs und noch immer wächst.

Im Scheunenviertel liegt ein Platz, der nach dem Stadthauptmann Christian Koppe benannt ist. Die Nachwelt ehrte ihn, weil er an diesem Orte um 1700 ein Armenhaus errichten und einen Friedhof anlegen ließ für die Ärmsten, die außerhalb der Stadtmauern beigesetzt wurden. Die Nazis gruben auf dem Platz, den etliche jüdische Einrichtungen einst säumten, einen Bunker für ihre Bonzen. Die späte DDR wollte das mißbrauchte Areal neu gestalten und schrieb 1988 einen Wettbewerb aus. Den ersten Preis für die Plastik erhielt Karl Biedermann. Die gewaltsame Vertreibung der im Scheunenviertel ansässigen Juden und ihre Vernichtung wollte er sichtbar machen mit einer Bronze,

Die Grenadierstraße im Jahr 1923: Kellerladen als Überlebenschance

die genau das zeigte, wie sie hieß: „Der verlassene Stuhl hinter dem leeren Tisch vor dem umgestürzten Stuhl auf dem heillos ramponierten Parkett."

Die Pläne lagen zunächst beim Magistrat der DDR-Hauptstadt, dann beim Senat der Bundeshauptstadt. Der schob sie schließlich weiter und damit ab aufs Bezirksamt Mitte. Das solle sich selbst darum kümmern, wie die für die Gestaltung des Platzes veranschlagten 2,5 Millionen DM aufgebracht werden könnten. - In der deutschen Hauptstadt gibt es außer den Gedenksteinen in der Großen Hamburger Straße und auf der Putlitzbrücke, die an die Deportation der Zehntausenden Berliner Juden erinnert, noch immer kein auffälliges, zentrales Mahnmal für die 6 Millionen ermordeten Juden. Das Land der Täter tut sich damit schwer. Mit Antisemitismus hat dies aber überhaupt nichts zu tun. Es liegt einzig am fehlenden Geld...

Franz Biberkopf ist das Kind Alfred Döblins, dessen jüngster Bruder Kurt 1940 in Auschwitz endete. Der Kassenarzt und Schriftsteller Dr. Alfred Döblin schickte 1928 seinen Romanhelden Franz B. auf eine Odyssee durch Berlin. Er läßt ihn durch die engen Häuserzeilen des Scheunenviertels streifen. „Am Alexanderplatz reißen sie den Damm auf für die Untergrundbahn. Man geht auf Brettern. Die Elektrischen fahren über den Platz die Alexanderstraße herauf durch die Münzstraße zum Rosenthaler Tor. Rechts und links sind Straßen. In den Straßen steht Haus bei Haus. Die Läden sind vom Keller bis zum Boden mit Menschen voll. Unten sind die Läden."

Döblins sensible Beobachtungen geben authentisch Aussehen und Atmosphäre dieses Viertels wieder, um das so viele damals einen Bogen machten. Wer dort nicht lebte, mied die Gegend. Der schlechte Ruf wirkt fort. Konsul Günter Follmer, Geschäftsführender Gesellschafter des Privatbankhauses Löbbecke, das 1990, am Tage der Währungsunion, in der Rosenthaler

Straße eine Niederlassung eröffnete, bekannte zwei Jahre später freimütig, es habe gegen diese Entscheidung durchaus Widerstand in der Chefetage gegeben. „Ich wurde dabei nicht offen angefeindet, allerdings kritisch begleitet."

In Döblins Beschreibung des Scheunenviertels von 1928 sind die Gründe solcherart Ressentiments erkennbar. „Destillen, Restaurationen, Obst- und Gemüsehandel, Kolonialwaren und Feinkost, Fuhrgeschäft, Dekorationsmalerei, Anfertigung von Damenkonfektion, Mehl- und Mühlenfabrikate, Autogarage, Feuersozietät: Vorzug der Kleinmotorspritze ist einfache Konstruktion, leichte Bedienung, geringes Gewicht, geringer Umfang. - Deutsche Volksgenossen, nie ist ein Volk schmählicher getäuscht worden, nie wurde eine Nation schmählicher, ungerechter betrogen als das deutsche Volk. Wißt ihr noch, wie Scheidemann am 9. November 1918 von der Fensterbrüstung des Reichstags uns Frieden, Freiheit und Brot versprach? Und wie hat man das Versprechen gehalten! - Kanalisationsartikel, Fensterreinigungsgesellschaft, Schlaf ist Medizin, Steiners Paradiesbett. - Buchhandlung, die Bibliothek des modernen Menschen, unsere Gesamtausgaben führender Dichter und Denker setzen sich zusammen zur Bibliothek des modernen Menschen. Es sind die großen Repräsentanten des europäischen Geisteslebens. - Das Mieterschutzgesetz ist ein Fetzen Papier. Die Mieten steigen ständig. Der gewerbliche Mittelstand wird auf das Pflaster gesetzt und auf diese Weise erdrosselt, der Gerichtsvollzieher hält reiche Ernte. Wir verlangen öffentliche Kredite bis zu 15 000 Mark an das Kleingewerbe, sofortiges Verbot aller Pfändungen bei Kleingewerbetreibenden..."

Berlin 1928. Berlin 1992. Wie sich die Bilder gleichen. Und weiter Döblin in „Berlin Alexanderplatz":

„Versorge dein Kind und deine Familie durch Abschluß einer schweizerischen Lebensversicherung,

Rentenanstalt Zürich. - Ihr Herz lacht! Ihr Herz lacht vor Freude, wenn Sie ein mit den berühmten Höffner-Möbeln ausgestattetes Heim besitzen. Alles, was Sie sich an angenehmer Wohnlichkeit erträumten, wird von einer ungeahnten Wirklichkeit übertroffen. Wie auch die Jahre entschwinden, wohlgefällig bleibt dieser Anblick, und ihre Haltbarkeit und praktische Verwendbarkeit erfreuen immer von neuem.
Die Schließgesellschaften beschützen alle, sie gehen herum, gehen durch, sehen hinein, stecken Uhren, Wachalarm, Wach- und Schutzdienst für Groß-Berlin und ehemalige Wachabteilung der Wirtsgemeinschaft Berliner Grundbesitzer, vereinigter Betrieb, Wachzentrale des Westens, Wachgesellschaft, Sherlock-Gesellschaft, Sherlock Holmes gesammelte Werke von Connan Doyle, Wachgesellschaft für Berlin und Nachbarorte, Wachsmann als Erzieher, Flachsmann als Erzieher, Waschanstalt, Wäscheverleih Apoll, Wäscherei Adler übernimmt sämtliche Hand- und Leibwäsche, Spezialität feine Herren- und Damenwäsche.
Über den Läden und hinter den Läden aber sind Wohnungen, hinten kommen noch Höfe, Seitengebäude, Quergebäude, Hinterhäuser, Gartenhäuser, Linienstraße, da ist das Haus, wo sich Franz Biberkopf verkrochen hat..."

Das war das Scheunenviertel 1928. Die Historie wurde sechs Jahrzehnte später von der Gegenwart eingeholt. Werbetafeln blühen als farbige Furunkel an blätternden Fassaden und versprechen alles und nichts. In der Oranienburger Straße oder Geilen Meile flanieren abends die Prostituierten, argwöhnisch beobachtet von ihren Zuhältern, die hinter den Windschutzscheiben sehr auffälliger Automobile lauern. In Ämtern und Dienststellen hocken private Wachdienste in hellblauen Uniformen, und von frisch getünchten Wänden schreien Sponti-Sprüche: Krieg ist Menstruationsneid,

Männer wollen auch mal bluten. Nazis raus. Kellotat, du fette Westsau. Tagesschau macht auch nicht schlau. Rache für die Mainzer Straße. Heil Hitler. Schlagt die Glatzen, bis sie platzen. Kanzler in die Produktion. Linke in die Gaskammer. Torte macht dick. Faschos raus aus dem Scheunenviertel. Mehr Licht. Red oder dead. Rafft euch auf, bevors euch wegrafft. Ich gehe meilenweit für die Revolution. Miethaie zu Fischstäbchen. Organisiert den Häuserkampf. Spekulationssucht ist heilbar.

In einigen Straßen quirlt es wie einst. Autos, Straßenbahnen, Busse, LKW. Massen hetzen tagsüber durch die Hauptpassagen. Unzählige neu eröffnete Kneipen, Varietés, Cafés und Bars locken Besucher aus der ganzen Stadt, Touristen sowieso. In lauen Abendstunden sind die Stühle und Bänke vor den Restaurants dicht besetzt, wie man es sonst nur in südlichen Ländern sieht. Die Zeit der Tristesse, die bleierne Zeit, scheint endgültig vorbei. Passé jene Bilder, die die Publizistin Regina Scheer als Schülerin der Max-Planck-Oberschule in den sechziger Jahren in ihrer Erinnerung fixierte: „Die eigentlichen Bewohner der Auguststraße waren alte Frauen, die aus den Fenstern guckten, die mit geblümten Beuteln und Kunstledertaschen unterwegs waren oder zu zweit vor den Häusern standen, vor den zugemauerten Eingängen längst verschlossener Läden. Männer schienen zu diesen Frauen nicht zu gehören."

Zeiten und Welten trafen nach 1989 aufeinander. Denen, die schon immer dort lebten, gehörte nur noch formal das Terrain. Sie wurden zunehmend zur Kulisse. Die Dazukommenden wurden nicht heimisch, so, wie man das früher wurde. Abschied und Ankunft gingen ineinander über. Männer, deren Abwesenheit Regina Scheer in ihrem Buch über das Vergessene Haus in der Auguststraße 14/16 konstatierte, waren plötzlich wieder da. Man traf sie auf Plätzen, an denen Bänke standen, die die Sonne wärmte. Die Männer hielten sich an Bierdosen fest und sprachen von der Zeit, als sie noch Arbeit hatten. Die Erinnerungen waren geschönt und ihre Zähne schlecht, aber sie bissen mit starken Worten den Neubesitzern „von drüben" kräftig in die Waden.

Von Monat zu Monat verschlechterte sich die Situation. Ein alteingesessener Laden nach dem anderen mußte schließen, weil die Altneubesitzer die Mieten in unbezahlbare Höhe schraubten. Möbel-Höffner besiegte Möbel-Kähler, der die geforderten 20 000 für sein Geschäft in der Rosenthaler nicht mehr aufbringen konnte, das Westberliner Großunternehmen machte dem Ostberliner Mittelständler den Garaus. Evchens Seifenladen in der Tucholsky-Straße hatte wie andere auch ihre Stammkunden verloren. Die Umsätze fielen, die Mieten stiegen. Tante Emma starb auf Raten. Darüber redeten die Männer beim Bier und die Frauen in den Geschäften zu Beginn der neunziger Jahre. Bei Stellvertreterkriegen begann der Widerstand. Selbst Sportuninteressierte bejubelten demonstrativ jede Medaille, die irgendwo ein ostdeutscher Athlet erkämpfte. Protest nahm Gestalt an. An den Wänden klebten Zettel, und der Wind trieb Blätter durch die mit Autoblech gesäumten Straßen. „Das Kleingewerbe der Spandauer Vorstadt soll leben!"

Die Betroffenenvertretung Spandauer Vorstadt, der Verein Spandauer Vorstadt und die Bürgerinitiative Spandauer Vorstadt muckten geschlossen auf. Sie forderten „die zuständigen Politiker aller Ebenen auf, umgehend politische und juristische Lösungen zu finden und durchzusetzen", damit der Entwicklung bei den Gewerbemieten Einhalt und den Gewerbetreibenden eine Chance geboten würde, weiterhin in ihrem angestammten Kiez leben und arbeiten könnten. Vor den Augen der Fernsehkameras stritten im Tacheles Künstler mit Senatoren um ihre Zukunft in dieser Gegend, weil sie einerseits für die von den Stadtoberen gewünschte Farbe im Stadtbild sorgten, andererseits ihre Ateliers und Gewerberäume nicht mehr finanzieren konnten. Auch die Off-Kultur starb in Raten.

In der Volksbühne am Luxemburg-Platz kehrten die Verantwortlichen anno 1992 zu den Ursprüngen des Hauses zurück und versuchten, Kunst mit sozialem Engagement zu verbinden. Die Hochkultur begann sich mit der nichtetablierten zu solidarisieren. Unterschiede zu den anderen 15 Staats- und Stadttheatern Berlins traten zutage. Schwarze Fahnen und weiße Losungen wehten am Portal: „Da sind wir aber immer noch!". So hatte einst der Oktoberklub, die namhafteste Singegruppe der DDR, selbstbewußt mit dem Fuß auf den Boden gestampft. Eigentlich müßte man das ganze Haus ganztägig für Mieterberatungen geöffnet haben, erklärte Chefdramaturg Matthias Lilienthal. „Wir wollen Theater zum Schauplatz öffentlicher Auseinandersetzung machen. Das ist eine Funktion, die von keiner der anderen Bühnen bisher wahrgenommen wird." Mieterberatung, so Lilienthal, sei der einzig notwendige theatralische Akt, den man gegenwärtig machen müsse. Das Leben bringt offenbar noch immer die besten Inszenierungen hervor.

Im Kino Babylon gegenüber läuft zuweilen ein Hit der DDR-Filmbetriebes DEFA aus den siebziger Jahren, der auch wegen der Musik ein Kassenfüller wurde: „Die Legende von Paul und Paula". Unter den Hits der in DDR-Tagen populärsten Rockgruppe, der Puhdys, befand sich einer, in welchem sie von einem Drachen sangen, den man steigen lassen sollte, wenn man zu IHR ginge.

Die Rockband spielte zuweilen auf Festivitäten, bei denen ein Herr Arno Klein Regie führte. Jetzt sitzt dieser Mann in der Linienstraße 154 und bastelt - Drachen. Er bastelt für Kinder, für Erwachsene, für Werbung und Information. Die Nachbarschaft nennt den

Endvierziger ehrfurchtsvoll Drachenprofessor, weil er alles zum Fliegen bringt. Im Sommer 1990 wollte er an der Ostseeküste seine Fluggeräte verkaufen. Alle fanden die skurrilen Objekte hübsch und witzig, aber 39 DM schienen den meisten doch etwas zu viel dafür. Falls es schon vergessen sein sollte: Das war der erste Sommer mit Westgeld, und nachdem man diese Währung bislang nur für vermeintlich edle Dinge im Intershop aufgespart und zögernd nur ausgegeben hatte, schreckten die meisten Noch-DDRler davor zurück, es nun für so profane Dinge wie Schuhwichse, Klopapier oder eben Drachen zu verplempern. Um wenigstens das Benzingeld für die Rückfahrt nach Berlin einzuspielen, verlegte sich Arno K. aufs Glücksspiel. Wetten, daß Deine Luftmatratze fliegt? Der Widerpart schlug in aller Regel ein. Klein gewann locker alle diese Wetten, weil er wußte: Wenn der Anstellwinkel und die Windgeschwindigkeit stimmen, fliegt alles.

Bei vielen Ureinwohnern des Scheunenviertels scheinen gegenwärtig Anstellwinkel und Windgeschwindigkeit zu stimmen. Sie werden fliegen. Da urteilt der Galerist Friedrich Loock ganz emotionslos. Kapital bewegt sich nach Gesetzen, die es sich selber gibt. Es wird einströmen ins Scheunenviertel, die Bevölkerung verändern, die Sozialstruktur umstürzen. Das wird eine Schickimicki-Gegend im Schatten des Regierungsviertels werden. Natürlich werde man behutsam Altes erhalten und Neues nur in vertretbarem Maße hinzufügen, aber die Edelsanierung hat ihren Preis, den die hier Lebenden nicht mehr bezahlen werden können. Jede zweite Familie in der östlichen Spandauer Vorstadt, so ermittelte die Statistik 1992, verdiente monatlich keine 900 DM. Und die denkmalspflegerische Rekonstruktion der 450 Gebäude im Scheunenviertel soll bis zu 200 Miliarden DM kosten.

Auf der Geilen Meile

*Wie Roswitha
die Nacht zum Arbeitstag macht*

Roswitha ist Anfang zwanzig und sieht blendend aus im Licht der Autoscheinwerfer - mit dem reflektierenden rosaroten Höschen, das sich als dünner Streifen von ihrem Gürtel herabsenkt und zwischen auffallend langen, schlanken Beinen verschwindet. Am Gürtel trägt Roswitha ein Täschchen, wie sie zuerst japanische Fotografen mit sich führten, um ihre Filme stets griffbereit zu haben. Die Schlenkertasche am langen Schulterriemen ist nicht mehr ausschließliches Erkennungszeichen ihres Berufsstandes. Geblieben sind nur die hochhackigen Stiefel, die weit über die Knie reichen. Das Gürteltäschchen enthält Roswithas Arbeitsschutzmittel: Kondome, Kleenex, Körperöl. Und die Einnahmen der Nacht. Nach der Schicht liefert sie den größten Teil an ihren Beschützer ab, der ihn seinerseits in den Spielsalon Am Schiffbauerdamm trägt oder in ein neues Auto steckt oder auf sein Bankkonto einzahlt.

Roswitha nennt den Typen ihren Freund. Aber er ist ihr Zuhälter. Der zockt nicht nur ab, sondern haut manchmal auch zu. Zum Beispiel wenn Roswitha unflätig angemacht wird. Oder wenn ein Kunde nicht zahlen will. Der Lude schubst auch Moralapostel beiseite, die sein Mädchen auf der Oranienburger Straße bekehren wollen, oder Journalisten, die versuchen, die Gefährtin der Nacht auszufragen.

Roswitha liebt alle Männer. Aber sie liebt sie nur in ihrer Eigenschaft als zahlende Freier. Denn sie verkauft eine Dienstleistung, die heißt Lust und nicht Quatschen. Sie läßt sich bezahlen fürs kunstvolle Absenken des männlichen Hormonspiegels und verwandelt dabei jedes beliebige Auto für 10 oder 20 Minuten in einen Liebes-Dienstwagen. Das ist ein ungeschriebenes Gesetz der Branche: Kein Wort zur Person und darüber, wie man was macht. Zum Beispiel, wie es geht, einem Kunden, der oral und ohne Gummi bedient werden möchte, doch noch einen überzuziehen, ohne daß er es merkt. Hinterher ist es ihm sowieso egal. Solche Tricks tauscht frau unter Kolleginnen aus, verrät sie aber nicht der Presse.

Am anderen Morgen liegen die Utensilien aus den Gürteltaschen im Monbijoupark herum. Und in der Monbijoustraße, die eine Sackgasse ist. Als die Tucholskystraße noch auf dieselbe Weise endete, verkehrte man nächtens auch dort, worüber sich namentlich die Herzpatienten der angrenzenden Universitätsklinik schriftlich beschwerten.

Das Problem regelte sich von selbst. Seit die Weidendammer Brücke in der Friedrichstraße wegen Bauarbeiten für zwei Jahre gesperrt ist, dient die Tucholskystraße als Umgehung und ist durch eine Ersatzbrücke über die Spree geöffnet. So wurden Herzpatienten beruhigt und Arbeitsplätze vernichtet.

Auch Egon-Joachim Kellotat, der Kontaktbereichsbeamte, hat an dem ältesten Gewerbe der Welt unsozial gehandelt. Erst sperrte er die Freifläche neben dem Tacheles für den nächtlichen Berufs-Verkehr, damit dort eine schwedische Firma bauen kann. Dann entzog er den Lustspenderinnen auch das umzäunte Gelände an der Ecke Ziegel-/Tucholskystraße und in der Johannisstraße. Geblieben ist der Geilen Meile die Freifläche neben dem zunächst liquidierten und im Oktober 1992 an ein Westunternehmen veräußerten Henschelverlag in der Oranienburger Straße. Das weißgekachelte, zurückgesetzte Fabrik- und Bürogebäude steht leer und sollte - zumindest sprach dies der Bezirksbürgermeister einmal laut aus, was die Gazetten

Roswithas Gewerbe auf der Oranienburger Straße

begierig kolportierten - das künftige städtische Bordell werden. Der Kommunalpolitiker Benno Hasse bekam wegen seines unkonventionellen Vorstosses den Spitznamen Porno-Benno, verbale Prügel aus der Spießerecke und obskure Angebote. Dabei wollte er wirklich nur das Beste für das Gunstgewerbe, als er im Frühjahr 1991 die Idee einer selbstverwalteten Einrichtung gebar. „VEB Puff", höhnten seine Kritiker.

Im Wirtschaftsausschuß des Bezirksverordnetenversammlung von Mitte kursierte wenig später die Konzeption eines Betriebswirtes aus Münster. Der Westfale plante ein gewaltiges Freudenhaus mit 300 Prostituierten und 90 Strichern. Neben Sauna, Fitness-Center, Solarium, Schwimmbad und Tiefgaragen sollten 230 Zimmer mit jeweils 20 Quadratmetern ausgebaut werden. Fürsorglich hatte der Einreicher angemerkt, daß Schichtbetrieb „eine optimale Nutzung" garantiere und für die „finanzielle Entlastung der Tageskosten bei Unwohlsein, Krankheit oder Urlaub" der Dienstleistenden sorge. Bei einem geplanten „ortsüblichen Tagespensionspreis" von 200 DM für die Appartements würde einiges zusammenkommen, rechnete der Oberzuhälter vor, und versuchte das Bezirksamt mit einer jährlichen Konzession in Höhe von 15,6 Millionen DM sowie einer Beteiligung von bis zu 30 Millionen DM an möglichen Spekulationserlösen zu locken.

Der Westunternehmer ging aufs Ganze. Er wollte das Monopol in der Stadt und machte zur Bedingung, daß der Senat in den nächsten Jahren die dann „illegale Prostitution" - vom Straßenstrich, über Sauna-Bordelle bis hin zu Telefon-Kontaktanzeigen in der Presse - untersage, denn diese wäre natürlich für eine solche Einrichtung eine nicht kontrollierbare Konkurrenz.

Der Bezirksbürgermeister fand in dieser Konzeption seine moralischen Intentionen nicht wieder. Auch der Ausschuß erteilte dem Westfalen eine Absage. Doch das Problem des „ungesunden Strichs" war damit nicht vom Tisch. Fachleute bezweifeln ohnehin, daß mit der Etablierung fester Einrichtungen die Zahl der Nutten auf der Geilen Meile reduziert werden würde. Eher sei das Gegenteil der Fall. Außerdem: Will man überhaupt, daß sie aus dem Straßenbild verschwinden? Solange sich die Anwohner nicht belästigt fühlen und die Bordsteinschwalben wie die Künstler und die Kneipen dem Kiez Farbe verleihen, sollen sie doch selbstbewußt flanieren.

Im Oktober 1990 arbeiteten die ersten vier Prostituierten auf der Oranienburger. Im Sommer 1992 waren es schon 90. Irgendwann könnte das Problem mal aus der Balance geraten. Noch läuft das vermeintlich Unsittliche gesittet ab. Mord und Totschlag fanden zwischen konkurrierenden Luden bislang nicht statt. Aber Zuzug von heißeren Meilen aus anderen Städten wird von Szenenkennern wie KoBB Kellotat schon nicht mehr ausgeschlossen.

Der Polizeioberkommisar hat mit dem Milieu seine Erfahrungen. In seinem früheren Abschnitt lag die Kurfürstenstraße. Nach jahrelangem Streifegehen kannte er namentlich 142 dort tätige Prostituierte, sogar deren Geburtsdaten. Nicht wenige sah er jung kommen und nach Jahren, von Drogen zerfressen, abgewrackt umfallen. Kellotat kennt auch den Strich auf der Potsdamer Straße. Er vermag Vergleiche zu ziehen. „Die Oranienburger hat der Westkonkurrenz den Rang abgelaufen", meint er, und er weiß auch den Grund: „Die Mädchen sind gesund und propper und kennen Rauschgift nur vom Hörensagen."

Dann kommt ungewollt Komik in die Rede des Beamten. Bierernst klagt er, die bewußte Straße sei eine Katastrophe - „vom verkehrspolizeilichen Standpunkt betrachtet". „Die Frauen stehen auf der Fahrbahn und begehen somit eine Verkehrsordnungswidrigkeit. Für jedes Auto, was sie zum Anhalten bringen, müßte ich sie eigentlich zur Kasse bitten."

Das macht er natürlich nicht. Vielleicht, weil er ein mildes Herz hat. Wenn die Liebesdienerinnen auf dem Bürgersteig stünden, wie es, „vom verkehrspolizeilichen Standpunkt betrachtet", notwendig wäre, käme es kaum zum Geschäft. Und die Neugierigen würden nichts zu gaffen haben. Die Mehrheit der Autos, die sich nach 21 Uhr Stoßstange an Stoßstange durch die Geile Meile schieben, befördert nämlich keine Freier, sondern Voyeure.

Roswitha bleibt bei dieser Art von Verkehrspolitik kalt. Heiß macht sie nur die Kohle, die sich Nacht für Nacht, sommers wie winters, anschaffen läßt. Blasen 80, normal 100. Anal ist etwas teurer, Handentspannung am billigsten. Alles mit Gummi, ist doch wohl klar. Wenn es gut läuft (und im Sommer 1992 lief es in den langen, lauen Nächten sehr gut), reichen beide Hände nicht, um die Kunden einer Schicht zu zählen.

Wieviel der Aufpasser im Hintergrund kassiert, verschweigt Roswitha wie manch anderes geschäftliche Detail. Was sie früher machte, ob sie als Friseuse im Salon Charlott in der Oranienburger Schere und Kamm gegen Straps und Präser eintauschte, oder ob sie vormals in der Fleischerei in der Tucholskystraße tätig war, bleibt im Verborgenen; ob sie aus dem Westen kommt oder eine hiesige ist, hütet sie wie ein wertminderndes Geheimnis. Ihr hübscher Mund bleibt stumm und öffnet sich nur zur Verrichtung der bezahlten Dienstleistung. Auch gilt: Pfoten weg von den Titten, das ist im Preis nicht enthalten...

Das Lebensraster der Mädchen, die zwischen Friedrichstraße und Hackeschem Markt, zwischen Auguststraße und Universitätsfrauenklinik Nacht für Nacht ihren Kopf durch heruntergelassene Autofenster stekken, ist ziemlich gleich. Sie sind zwischen 18 und 25 Jahre alt, kommen aus beiden Stadthälften, haben oft keinen Beruf erlernt, wollen rasch viel Geld verdienen, fürchten sich nicht vor direkten Kontakten mit fremden Körpern und lieben ihren eigenen. Mitleid ist fehl am Platze. Der Weg auf den Strich ist nur bei Drogensüchtigen eine Entscheidung aus Not. Die Mädchen in der Oranienburger üben ihren Job aus, versachlichen den Sex und trennen ihn von der Liebe. Sie sind selbstbewußt und verkaufen nicht sich, sondern eine Dienstleistung. Und es steht jedermann frei, diese in Anspruch zu nehmen oder es zu lassen.

Roswitha weiß noch nicht, ob sie nur für kurze Zeit oder für länger im Geschäft bleibt. Es ist ein harter Job. Ob es regnet oder hundekalt ist, ob der Mond scheint in einer lauen Sommernacht oder ob der Herbstwind um die Ecken pfeift: Sie muß raus und sich in enganliegenden Klamotten zeigen. Unter einer wärmenden Kutte könnten die vorbeirollenden Männer nicht ihre körperlichen Reize ausmachen. Und die sind nun mal das Kapital, der Köder, nach dem der Kunde schnappt.

Mancher steht mehr auf Rubenssche Typen. Moni mit der gewaltigsten Oberweite auf diesem Strich hat ihren Stellplatz an der Ecke Tucholsky-/Ziegelstraße. Sie ist gleichfalls schwer im Geschäft. Doch die meisten Männer wollen genau das Gegenteil von dem, was sie zu Hause haben: Sie suchen eine Schlanke, Junge, die alles macht, was die Ehefrau verweigert oder verweigern würde, so man sich getraute, ihr die Wünsche zu nennen. Die Anonymität hilft Hemmungen zu überwinden. Hier findet sich für jedes Bedürfnis eine Bedienung. Wenn Roswitha mal nicht gut drauf ist und antwortet, nee, anal ist heute nich, dann sagt der Kunde tschüß und bedient halt die nächste. Die meisten Kunden wollen aber nur Standard, sagt Roswitha. Französisch und Frontalverkehr eben. Für die sitzengelassenen Ehefrauen entwickelt sie heißes Mitgefühl: „Na wenn se nich ma det bei ihre Mutti kriegen, da solln de Hausfraun doch froh sinn, dat et uns jibt."

Die altbundesdeutsche Statistik im Spermakulturbereich eruierte Mitte der achtziger Jahre, daß fünf Prozent aller Männer mehr oder minder regelmäßig die Dienste des Horizontalgewerbes in Anspruch nehmen würden. Die Befrager waren sich der Ungenauigkeit dieser Aussage bewußt. Denn die Prüderie, mit der gemeinhin das Lustgewerbe betrachtet wird, zeigt eine doppelte Moral bei öffentlicher Erörterung des Themas. Hinter vorgehaltener Hand behaupten nämlich zwei von drei Männern, schon einmal Erfahrungen mit Prostituierten gemacht zu haben. Der deutsche Spießer rümpft in der Öffentlichkeit die Nase, um sie dann im Schutze der Dunkelheit in den Schoß einer Dirne zu stecken. An vielen deutschen Orten führt diese Bigotterie zur gesellschaftlichen Ausgrenzung der käuflichen Objekte männlicher Lust.

Roswitha und ihre Kolleginnen können sich über solchen Undank jedoch nicht beklagen. Berlin hat ein tolerantes Pflaster und kennt keine Sperrbezirke, die Ghettos nicht unähnlich sind. Die Anwohner nehmen die Mädchen mehrheitlich ganz locker, denn die vorhandene Mischung des Ambientes aus Wohnungen, Kneipen und Galerien verhindert die Dominanz des lockenden Fleisches.

Am 2. Juni 1992 demonstrierten im Scheunenviertel die Prostituierten. Das Datum gilt als Internationaler Hurentag, seit im Jahr 1975 französische Kolleginnen an diesem Tage gegen immer härter werdende Arbeitsbedingungen vereint auf die Straße gingen. Als die mehr oder minder kabarettistische Jubelparade erstmals auf der Oranienburger stieg, hatten die Vereine Nutten & Nüttchen und Lulu-O geladen (O steht für Ost und Offensive). Mit Witz, Plastikbusen und hellen Stimmen stritten die Sexarbeiterinnen für die Anerkennung ihrer Tätigkeit als normaler Beruf und dessen rechtliche Absicherung. Denn so ist das auch im neuen Deutschland: Einer privaten Krankenversicherung können sie nur unter Angabe eines anderen Berufes beitreten, einen gesetzlich gesicherten Anspruch auf eine Arbeits- und Sozialversicherung haben sie nicht. Und: Ihr Honorar ist einkommenssteuerpflichtig, und wie in allen Gewerben müssen sie an das Finanzamt eine Umsatzsteuer abführen. Der Witz dabei ist: Hurerei darf gar nicht als Gewerbe betrieben werden! Zwar wird sie nicht verboten, doch sie gilt als sittenwidrig.

Der Kontaktbereichsbeamte Kellotat machte muntere Miene zum durchaus ernstgemeinten Spiel und erntete von den Damen Dankbarkeit. Er sei „sehr lieb und sehr charmant", bescheinigte Maxi dem Ordnungshüter in der Presse. Was könne denn er dafür, wenn die Politik der öffentlichen Meinung hinterherhinke? Ihr Freundin und Kollegin Laura, Mitinitiatorin des während des ganzen Julis in der „Fleischerei" (Tucholskystraße 32) betriebenen Huren-Archivs, ergänzte: „Wir sind nicht Opfer. Wir verkaufen auch nicht unseren Körper, sondern sexuelle Dienstleistungen."

Von der in Aussicht gestellten Aufklärung gab es am bezeichnenden Ort - jener „Fleischerei" - dann reichlich. Man diskutierte, las Texte, zeigte Collagen, wies auf die Notwendigkeit eines sexuellen Service im Knast und im Krankenhaus hin, und scheute nicht davor zurück, die Kenntnisse erfahrener Huren bei der Sexualerziehung und der AIDS-Prävention anzubieten. Nachdem sie bereits ein Aussteiger-Programm für Berufskolleginnen formuliert hatten, brachten die autonom arbeitenden Damen auch eines für Zuhälter zu Papier. „Wir empfehlen ihnen eine Umschulung zum Bäcker. Da können sie in gewohnter Nachtarbeit auch mal kleine Brötchen backen."

Es bewegt sich der Schleier, den die Gesellschaft vors älteste Gewerbe noch immer zieht. Allerorts sind Vereinigungen entstanden, die aufklären wollen wie etwa Hydra e. V., die Hurenorganisation Berlin. Aktive oder ehemalige Prostituierte teilen sich mit. Die Frauenrechtlerin Gala Breton edierte eine Anthologie „Tanzende Lichter im Schatten - Texte von schreibenden Huren", und die Berichte von Dolores French, einer Amerikanerin, Mitorganisatorin internationaler Hurenkongresse, wurden von einer Ex-Prostituierten ins Deutsche übersetzt und von Kundigen hochgelobt. Eine derart präzise Arbeitsplatzbeschreibung habe es bislang auf dem deutschen Buchmarkt nicht gegeben, meint Hydra in ihrem Vorwort. Sie hat gewiß nicht nur den Absatz der Lektüre im Auge, wenn sie schreibt, Frenchs Erfahrungsbericht wäre ein nutzbringender Leitfaden für all jene, die vorübergehend oder langfristig in das Geschäft mit der Liebe einsteigen wollten.

1920 hat es in Hamburg von kommunistischer Seite schon mal einen Anlauf gegeben, das Thema zu einem öffentlichen zu machen und das Gewerbe vom Ruch des Anrüchigen zu befreien. Die KPD gründete eine Gewerkschaft für Prostituierte, damit diese gemeinschaftlich für die ihnen verweigerten Rechte streiten sollten. Diese Nuttengewerkschaft „funktionierte glänzend", erzählt der Wirtschaftshistoriker Jürgen Kuczynski - mit der Herausgabe dieses Wissens zögerte er wohl sieben Jahrzehnte, denn in keinem seiner unzähligen Bücher findet sich darauf ein Hinweis. Wenn es beispielsweise zu Prozessen gegen eine Prostituierte kam, trat eine Kollegin als Zeugin auf, nannte den Richter beim Vornamen und erinnerte ihn an ein gemeinsames Erlebnis. Das war zwar erfunden, verfehlte aber seine Wirkung nicht. Nach drei solchen Verfahren gab es keine Prozesse mehr.

Die KPD-Funktionärin Clara Zetkin unterrichtete ganz begeistert Lenin in Moskau darüber, weiß Kuczynski. „Lenin hatte aber etwas Kleinkariertes, Kleinbürgerliches an sich, sobald es um Sexualfragen ging. Auch hier reagierte er ablehnend. ‚So etwas kommt überhaupt nicht in Frage', herrschte er Clara Zetkin an, ‚die Nuttengewerkschaft wird aufgelöst'". Das geschah auch. „Seitdem gab es eine offizielle Feindschaft zwischen der Partei und den Nutten. Die KPD entwickelte auf Moskauer Weisung eine ablehnende Haltung zu ihnen. Statt sie wie die kleinen Kriminellen, denen man ein gewisses Verständnis entgegenbrachte, als Produkt der Gesellschaft zu betrachten, wurden sie fortan durchgängig negativ bewertet."

Für den Kommunisten Kuczynski war diese Weisung verbindlich. Er arbeitete zu Beginn der dreißiger Jahre vormittags bei der RGO, der Revolutionären Gewerkschaftsopposition, in der Rosenthaler Straße, und nachmittags bei der Zeitung „Die Rote Fahne" am Bülowplatz. Täglich durchquerte er die Münz- und die Grenadierstraße, in der die Prostituierten standen. „In dieser Zeit hatte ich wie die meisten Genossen nur ein Gefühl reiner Verachtung für diese Frauen übrig. Das rächte sich bitter, als die Nazis an die Macht kamen. Die Nutten waren unsere ärgsten Denunzianten. Jeden, den sie kannten, lieferten sie an die Klinge."

Diese Erfahrung hat den hochbetagten Mann nicht ungerecht, sondern weise gemacht. Er habe „allen Grund, sich für die damalige Haltung gegenüber den Nutten zu schämen".

Eine zweite Geschichte blieb Kuczynski in der Erinnerung, in der die Nutten des Scheunenviertels eine gewisse Rolle spielen: Auf Einladung von Anna Seghers sprach Albert Einstein 1931 in der Marxistischen Arbeiterschule (MASCH), die in der Ackerstraße ihren Sitz hatte. Von Johann Lorenz Schmidt, der die Bildungsstätte leitete, erhielt der achtundzwanzigjährige Kuczynski den Auftrag, Einstein am hellerlichten Tag durchs Scheunenviertel zu begleiten und ihn vor den Nutten und Zuhältern zu schützen. Das Viertel war völlig verrufen.

Daß die KPD-Zentrale ihren Sitz von der Rosenthaler Straße an den Bülow-Platz verlegte, hatte auch etwas damit zu tun. „So dicht wie möglich an der alten Stelle, aber unter gar keinen Umständen in dieser übel beleumdeten Gegend", erklärt Kuczynski den Umzug im Jahre 1927.

Wie waren seinerzeit die Prostituierten als solche überhaupt erkennbar? Allein der Umstand, daß sie auf der Straße standen und nicht gingen, war Indiz genug. Sie brauchten keine auffälligen Accessoirs, keine eindeutigen Signale. Jeder erkannte sie, und jeder wußte auch, daß sie die billigsten Nutten von Berlin waren. Mitunter reichten ein, zwei Tassen Kaffee als Honorar. Die niedrigen Tarife zogen Männer aus der ganzen Stadt an, und sie kamen nicht nur aus den untersten Schichten. Geschäftsleute und Besserverdienende suchte man dort vergebens (Perverse ausgenommen, sagt Kuczynski). Die normalen Reichen konnten sich was anderes leisten.

Aus unerfindlichen Gründen zieht die Oranienburger Straße schon seit Generationen Frauen aus dem Leichtgewerbe an. Selbst in der Nachkriegszeit und während der DDR-Jahre, wo es offiziell so etwas gar nicht gab, suchten Männer in diesem Kiez zielgerichtet nach solchen Frauen, und wurden stets auch fündig.

In Evchens Seifenladen in der Tucholskystraße, der 1947 öffnete und bald auch Kondome im Sortiment hatte, holten sich die Nutten ihre Hilfsmittel. An kalten Wintertagen wärmten sich dort die Zuhälter auf. Später, als die Mauer stand und die Hauptstadt der ostdeutschen Republik nur nach Entrichtung eines Eintrittsgeldes besucht werden durfte, kamen die Kunden aus dem Westen schon für ein paar Nylons, französische Kosmetik und andere rare Dinge auf ihre Kosten.

Dennoch: Es waren nur bescheidene Rudimente dessen, was sich in den zwanziger Jahren hier abgespielt hatte. Berlin zählte einst mehr als 10 000 Zuhälter und noch mehr Nutten, von denen sich nicht wenige in der Friedrich- und in der Oranienburger Straße tummelten. Die meisten Luden waren - wie Ali Höhler aus der Mulack-Straße, der spätere Mörder Horst Wessels - vermutlich in Ringvereinen organisiert.

Das war alles mehr oder minder organisch gewachsen. Schon im vorigen Jahrhundert trafen sich Mädchen und Freier in der Villa Bella am Oranienburger Tor zum kleinen Techtelmechtel, an jenem Ort, der in einem Bericht von 1846 als der gemütlichste von ganz Berlin beschrieben wird.

Die ersten überlieferten Hinweise auf die Prostitution im Scheunenviertel brachte aber ein Herr J. C. Müller zu Papier. Seine moralische Entrüstung erschien erst- und einmalig 1792 unter dem Titel „Gemählde von Berlin, Potsdam und Sanssouci". Darin widmete er ein ganzes Kapitel den „Ausschweifungen Berlins, das ist: dessen Tanzsäle, Kupplerinnen, Freudenmädgen".

Wie seinerzeit (und fürderhin) üblich, erhob der Chronist vorab den pädagogischen Finger, bevor er genüßlich die Details der Ausschweifungen beschrieb. Offenkundig teilte er einen weitverbreiteten und noch immer nicht ausgerotteten Irrtum, daß die Kunden der Gunstgewerblerinnen ihre Opfer seien:

> „Jüngling kämpfe ritterlich
> Wenn die Wollust buhlt um dich
> Lieblich - ins Gewand der Freuden
> Weiß sie schlau - sich zu verkleiden
> Lokt mit Honigrede dir
> Aber flieh - ach! flieh vor ihr.
>
> Freundlich nimmt sie dich in Arm
> Und ihr Busen hält dich warm
> Ach! du träumst dir keinen Kummer
> Liegst gewiegt in süßen Schlummer
> Schlummerst fort und denkest nicht
> Daß die Natter heimlich sticht!

Ha! das Scheusal ist bekannt
Eine Schaal hat sie zur Hand
Angefüllt mit tausend Seuchen
Die durch Mark und Bein dir schleichen
In der Hölle, wo es quillt
Hat sie dieses Gift gefüllt.

Leisen Tritts, du merkst es nicht
Schleicht sie vor dein Angesicht
Ach! und geust mit einem Male
Auf dich nieder diese Schale
Drauf verläßt sie lächelnd dich
Zischt dich aus und meidet dich!

Wehe, wehe, matt und bleich
Liegst du da den Todten gleich
Gift durchfrißt dir alle Glieder
Deine Blüthe kehrt nicht wieder
Reue, Reue für und für
Naget wie der Krebs an dir.

Auf, drum kämpfe ritterlich
Wenn die Wollust buhlt um dich
Unschuld ist des Jünglings Krone
Drum entflieh dem Zaubertone
Den dir die Sirene singt
Wenn sie zum Verderben winkt!"

Müller, der warnende Aufklärer, ermittelte im Berlin des ausgehenden 18. Jahrhunderts drei verschiedene Kategorien von Prostituierten. „Die niedrige oder scandalöse Classe" bildeten die „meistens inficirten Straßenmädgen", die sich in Tiergarten und Unter den Linden tummelten. „Allein wegen ihrer bekannten Abscheulichkeit" bedienten sich ihrer nur „höchst unerfahrene Menschen". Die zweite Kategorie traf man, laut Müller, in „niedrigen und scandalösen Bordells,

... hauptsächlich aber in gewissen Tabagien". „Die dritte oder die sogenannte honette besteht aus Freudenschwestern von Profeßion, welche die Tanzsäle besuchen. Diese sind nun wieder eben so verschieden als die Säle selbst, wo sie hingehen."

Herr Müller gab sich offenkundig dem Studium des Lasters ausgiebig hin, seine Recherchen sind umfänglich und die Beschreibungen exakt.

„Die Mädgen sind sämtlich frisirt, meistens noch sehr jung und gut (gewöhnlich weis) angekleidet. Sie wohnen in der Stadt zerstreut, hin und wieder in einem Kämmerchen mit einem alten Weibe als der Hausmutter und Gesellschaftsdame zusammen. Sie nehmen zwar auch hier sehr gerne Visite an, wenn sie welche haben können; allein dies ist eben der große Punkt, der sie beschäftigt, Bekanntschaft zu machen, und alsdenn des Abends etliche Liebhaber mit nach Hause zu bringen. Zu diesem Ende (und um zahlreichen Zuspruch zu haben) hat sich der gegenwärtige Besizer des so berüchtigten Vosischen Tanzsaals in der Neustadt, auf der lezten Straße Herr Lehmann, der armen Dinger erbarmt, und erlaubt ihnen, sich auf seinem Tanzsaal einzufinden, um daselbst auf Eroberungen auszugehen. Um 9 Uhr des Abends nimmt gewöhnlich hier die Musik den Anfang, wo sich denn die gedachte in der Stadt zerstreute Mädgens in ihrem Lüstre nach und nach einfinden und auf den Fang irgend eines unbedachtsamen und leidenschaftlichen Jünglings ausgehen. Es sei mir erlaubt, diesen Tempel der Venus mit ein paar Worten zu beschreiben. Es ist ein großer vierekter Saal. In der Mitten hängen drei große Kronen von Krystallglas mit brennenden Kerzen, an den Wänden aber Spiegel mit Wandleuchtern. Oben und unten geht man durch zwei kleine und etwas niedrigere Nebenzimmer (in denen gespeißt wird) Treppen hinauf zu den schön tapezirten und verschlossenen Logen; zur Seite aber ist eine Barriere für die Musikanten. Hier gehen nun die respective Liebhaber entweder unten auf und nieder, trinken ein Glas Bier, rauchen eine Pfeiffe, oder sie miethen oben eine Loge, und lassen sich eine Bole Punsch oder Bouteille Wein heraufbringen. (Erstere kostet 1 Thaler, letztere 1 fl., die Loge mitgerechnet) und sehen sodann dem Schauspiel oft ohne fernere Theilnehmung zu. Wofern sie aber nicht so enthaltsam sind, so brauchen sie nur oben und unten einen Wink zu geben, oder gleich dem Sultan das Schnupftuch zu werfen, und sogleich wird das Mädgen erscheinen, das ihnen gefällt. - ‚Guten Abend, mein Lieber, so allein?' Du präsentirest ein Glas Punsch oder Wein. ‚Wollen Sie sich nicht sezen, mein Kind?' (Wobei sie der Liebhaber gemeiniglich auf den Schooß nimmt, und in der Nähe abmißt, was etwan ihre Reize versprechen.) ‚Nun, liebes Kind, sagen Sie mir doch, wo Sie wohnen?' - Da und da. Hier entdekt sie dir mit größter Bereitwilligkeit ihren Aufenthalt; ‚aber ich dächte doch' (fügt sie am Ende hinzu), ‚lieber Junge, du giengest mit zu Hause' (indem sie dich küßt -). Sagst du nun ja, so ist der Handel gemacht. Nein, so bittet sie wenigstens um ein Tanzgeld (4 Gr.), sieht dich an - lacht - läuft davon und tanzt einen Walzer.

Unter dieser Classe von Mädgen sind oft Kinder von 14 bis 15 Jahren, deren Eltern in der Stadt wohnen und nichts davon wissen, oder die von einer Kupplerin auf dem Lande und in Provinzstädten heimlich weggekapert sind, und nun aus Noth, um in dieser äusserst kostbaren Stadt nicht zu verhungern, bei dieser Lebensart bleiben. Viele, besonders junge Weiber, sind von dem nemlichen Handwerk, verkaufen aber ihre Treue wahrlich nicht immer aus Geschmak, sondern aus der ihrem Geschlecht eigenthümlichen Eitelkeit, um Puz zu verdienen, den ihnen die Männer wegen ihrer geringen Besoldung nicht anschaffen können oder auch wollen. Etliche (besonders von den ausländischen Mädgen) sind sehr schön, und die Schätze der Natur noch nicht sonderlich zerrüttet. Gleichwohl gleichen sie am Ende vollkommen den Nachtstühlen der Holländer, auf die sich der Vierzigste sezt, wenn der Neununddreißigste aufgestanden ist."

Unter den sieben vom Verfasser Müller mit dem Ausdruck höchsten Ekels namentlich genannten Berliner Tanzsälen, die für ihn lediglich eine vornehme Umschreibung für Bordelle bedeuteten, befanden sich zwei Etablissements in der Spandauer Vorstadt. Zum einen das Goldene Schiff in der Kirchgasse, die später in Sophienstraße umbenannt wurde, zum anderen der Weiße Schwan, dessen Adresse heute nicht mehr auszumachen ist. Im Scheunenviertel geht das Gerücht, das Café Sophieneck in der Sophienstraße habe in gewisser Weise an dieser Tradition angeknüpft und sei das erste Bordell im Scheunenviertel gewesen: Die meist heruntergelassenen Jalousien im ersten Geschoß deuteten darauf hin. Die im Schwan verkehrenden Damen, so Müller 1792, seien „zwar frisirt, aber ohne Erziehung", und sie hätten überdies „eine unausstehliche Phisiognomie". Müllers Schluß leuchtet somit ein: Deren Dienste würden nur von „geringen Handwerkern, Soldaten etc." in Anspruch genommen werden.

Im Durchschnitt kamen diese Liebesdienerinnen von den beschriebenen am schlechtesten weg. Es scheint sich im Scheunenviertel zu einem frühen Zeitpunkt schon eine Tradition zu begründen, die erst in der Mitte des 20. Jahrhunderts zum Aussterben verurteilt wurde. „Mein Gott!", stöhnte Müller 1792, „Wie tief kann der Mensch sinken, und wie scheußlich wird jenes Geschlecht, wenn der lezte Funken von Scham in dessen Busen erloschen ist! - Eine Schäferstunde (nemlich die Gefahr, sich einer Gonorrhö oder vollkommenen venerischen Ansteckung auszusezen) kostet nur 8 Groschen."

In der Müllerschen Beschreibung schimmert allerdings noch die Romantik barocker Balz hindurch. Verglichen mit der heutigentags auf der Oranienburger durch die heruntergelassenen Autoscheiben geführten Vertragsverhandlungen und der anschließenden raschen Realisierung der mündlichen Vereinbarungen mutet einem das Vorgeplänkel von seinerzeit nahezu feudal und ineffektiv an. Da wird getanzt und gegessen, getrunken und geschwätzt, unverschämt viel Zeit vergeudet, ehe man im Hinterzimmerchen verschämt zur Sache kommt.

Dennoch mokierte sich Moralapostel Müller, dem wie allen anderen Berlin-Besuchern bei der Ankunft im Gasthaus ein Conton überreicht wurde, „ein sichres Verwahrungsmittel gegen venerische Anstekung." Was tat Müller mit dem Kondom? „Ich lächelte über dieses gutgemeinte, aber trügliche Häutlein, das zwar Mädgen für der Schwangerschaft bewahrt, aber noch niemals jemand aus den Händen der Franzosen gerettet hat." Mit „Franzosen" ist hier der Tripper gemeint.

Der Schreiber schwelgt in Entrüstung: „Es ist erstaunend, wenn man nur daran denkt, wie es möglich ist, daß diese Geschöpfe, ohne das geringste Gefühl, sich gleichsam öffentlich und blos zur Schande hinstellen und ihren Körper, gleich den Abtritten der Holländer jedem Vorübergehenden preisgeben. So sinkt Gottes Ebenbild der Mensch herab, und wühlt mit dem Rüssel der Sinnlichkeit im Schlamm, wenn er die Tugend verlassen hat ... Ach! Eltern! Seid wachsam, wenn der Blumen Königin, die junge Rose, im Morgenthaue des Frühlings ihre Reize entfaltet, daß sich ihr nicht ein giftiger Wurm nähere, und sie am Abend entblättert hinsinkt."

Doch immerhin: Nach einer ausschließlich zu Studienzwecken durchliebten Nacht in einem dieser Etablissements kam Müller zu der Erkenntnis, daß es verständliche Motive gab, sich in Berlin zu prostituieren. Bei näherer Betrachtung sah er die Not, die in vielen

Familien herrschte. Das einzige, was sich noch verkaufen ließ, war der Körper der Tochter oder der Ehefrau, denn ihre und die Arbeitskraft des Mannes oder des Vaters wollte keiner. In der sozialen Hierarchie standen sie auf der untersten Sprosse, selbst die Wundärzte, die sie in der Charité behandelten, betrachteten diese Mädchen nicht als vollwertige Subjekte: An ihnen durften sich die Anfänger probieren und die Handhabung der Messer üben.

Ein halbes Jahrhundert nach J. C. Müller hat sich Ernst Dronke zum gleichen Thema geäußert. Der Autor war, als sein dem Schriftsteller Georg Herwegh gewidmetes Buch „Berlin" 1846 erstmals erschien, 24 Jahre alt und bekam von seinem Freund und Zechbruder Friedrich Engels das Etikett „wahrer Sozialist" aufgedrückt. Dronke hatte, wie ihm später die Apologeten der Reinen Lehre in der DDR attestierten, den „ersten gelungenen Versuch" unternommen, „das Leben einer Großstadt in allen seinen Erscheinungen gesellschaftskritisch darzustellen". Dabei lebte und studierte der Sohn eines Koblenzer Gymnasialprofessors nur ganze zwei Jahre in der Stadt, denn im Juni 1845 vertrieb ihn das Polizei-Präsidium wegen Majestätsbeleidigung aus Berlin. Als das zweibändige Buch in einer Auflage von 1500 Exemplaren bei J. Rütten in Frankfurt am Main herauskam, wurde er bei einer Rheinfahrt in Koblenz arretiert und dort am 24. April 1847 zu zwei Jahren Festungshaft verurteilt. Aufgrund seines Verstoßes gegen die „Allerhöchste Zensurverordnung vom 18. Oktober 1819", wie es hieß.

Ernst Dronke beschrieb in seiner als „verbrecherisch" bezeichneten Schrift, die angeblich geeignet war, "Mißvergnügen und Unzufriedenheit der Bürger gegen die Regierung zu wecken", auch eine Form der Prostitution, die zu seiner Zeit in Mode kam. Sogenannte Kommissionäre vermittelten an alleinstehende, vermögende Herren Dienstmädchen, die sich als Köchin, Spülmagd, Stubenmädchen, Haushälterin oder ähnliches gemeldet hatten. Die verlangten Dienste hatten wenig mit den offerierten gemein. Viele arbeitssuchende Frauen ließen sich's gefallen, einige wenige protestierten beim Vermittler. Die Polizei schritt jedoch nicht ein, obgleich „- oder eben weil? - die Kommissionäre polizeilich konzessioniert und kontrolliert sind. Die Kommissionäre führen ein besonderes Buch für derartige vornehme Kunden, aus dem sie bei der Anmeldung eines jungen Mädchens ersehen, welchem ihrer Kunden sie der Länge der Zeit nach gerade im Augenblick dies neue Opfer zusenden können. Viele dieser vornehmen, entnervten Seelenkäufer haben einen vollständigen Harem solcher jungen, verführten Geschöpfe, welche unter allen möglichen Dienstverhältnissen eingeschrieben sind."

Hätte es zu jener Zeit schon das Telefon gegeben, wäre diese Praxis als eine Art Call-Girl-Ring zu klassifizieren gewesen.

„Die Prostitution", schrieb Dronke 1846, „ist in Berlin namentlich zu einer Ausdehnung gekommen, welche beweist, wie ungeheuer die Zahl derjenigen ist, welche durch äußere Verhältnisse der Existenz und der Erziehung in einen offenen Kampf gegen die Moralgesetze getrieben werden. Die Zahl der Prostituierten, abgerechnet die jetzt unterdrückten 250 früher privilegierten Bordelldirnen, beläuft sich auf 10 000 Frauenzimmer, welche sämtlich den ärmeren, hilflosen Klassen angehören. Da sich im ganzen 170 000 Einwohner weiblichen Geschlechts daselbst befinden, so ergibt sich das Verhältnis, daß sich durchschnittlich die prostituierten Frauenzimmer in dem Alter von 17 bis 45 Jahren befinden, und daß die Zahl aller Frauenzimmer solchen Alters 87 000 beträgt, so ergibt sich auf das achte Frauenzimmer eine Prostituierte. Außer diesen befinden sich 18 000 weibliche Dienstboten in Berlin, von welchen wenigstens 5 000 wenn nicht der offenen Prostitution, doch geheimer Unzucht ergeben sind."

Ernst Dronke sah in der ganzen Prostitution „die Eiterbeule einer krankhaften, in ihrer Organisation total zerrütteten Gesellschaft", die er natürlich aufstechen wollte. Zu diesen 10000 oder 15000 Nutten gesellen sich zu jener Zeit laut Dronke noch 12000 Verbrecher, die alle - bis auf 400 - unter polizeilicher Aufsicht standen, dazu noch 12000 „latitierende Personen, das heißt solche, die ihren Aufenthalt vor der Polizei verbergen".

Die Kleine Hamburger Straße kreuzt die August- und Linienstraße. Einst endete sie mit dem Hamburger Tor. Nachdem dieses der Elsasser Straße gewichen war, gab es kurzzeitig einen Hamburger Platz. Der ist als solcher heute nicht mehr erkennbar, die Asphaltpiste der Wilhelm-Pieck-Straße liegt schnurgerade darüber. Als der junge Dronke seinen Federkiel spitzte, stand das Hamburger Tor noch, und dahinter dehnte sich die zu jener Zeit finsterste Gegend Berlins. In eigenartigen Wohnkästen waren bis zu 2500 Menschen eingepfercht, die sich 400 Zimmer teilten: Viele Stuben waren durch ein Seil halbiert, damit jede der beiden darin lebenden Familien ihr eigenes Areal hatte. In allen dieser Häuser achtete ein Inspektor auf Einhaltung des Hausreglements, er trieb auch die Miete ein und feuerte jeden hinaus, der die zwei Taler im Monat schuldig blieb. Ein Dienstmädchen verdiente seinerzeit 8 bis 12 Taler im ganzen Jahr, aber, so Dronke, „manche erhalten auch den Hausschlüssel, was soviel bedeutet, daß sie das sonst Nötige durch Prostitution verdienen sollen. Ohnedies sind sie meist auch in den Herrschaften der Prostitution ausgesetzt, und die Kost ist in Berlin so schmal, daß sie gewöhnlich zum Stehlen und Betrügen angehalten sind." ...

Von diesen fernen Zeiten hat Roswitha keine, nicht mal eine blasse Vorstellung. Das interessiert sie auch nicht. Bei ihr flutscht das Geschäft. Sie wird fürs Bumsen bezahlt und nicht fürs Bimsen. Noch nie in ihrem Leben hat sie soviel und so rasch Geld verdient; von Krise und Not scheint sie nicht betroffen. Was morgen wird oder sein könnte, berührt sie augenblicklich nicht, heute ist heute.

Noch einen, fragt sie geschäftstüchtig, und nestelt an ihrem Beutel vorm Bauch.

Nein danke, der Verdienst eines ganzen Tages ist dir bereits durch die Finger geglitten, meine Liebe. Und so aufregend war's nun auch wieder nicht, daß man gleich noch einen zweiten auf den Kopp kloppen sollte.

Roswitha verzieht gekonnt ihren Mund, als habe sie diese Antwort erwartet, und läßt sanft den Stift über die Lippen gleiten. Dann setz' mich an meiner Stelle wieder ab. Bis zum nächsten Mal.

Die Frauen, scheint es, arbeiten gern im Osten. Da machen selbst alte Hasen noch neue Erfahrungen. Roswithas Kollegin Gala Breton hat in ihrem Buch beschrieben, was sie mit Ost-Freiern nach dem Fall der Mauer erlebte. „Die neuen Kunden waren angenehmer, bescheidener, höflicher, es ist schön, wenn ein Mensch dir behutsam gegenübertritt: ‚Guten Tag, sind Sie noch frei?', und nicht wie viele Wessis: ‚Hör zu, 50-Mark-Nutte, ich fick dich jetzt, bis Du kotzt.' Einmal habe ich erlebt, wie ein Ostmann mittendrin aufstand, sich die Hose hochzog, die Schuhe zuschnürte und sagte: ‚Nee, das isses nich, tschüß.' Das fand ich toll und mutig."

Noch immer schmeckt der Brennabor

*Wie ein Kurde
an der Synagoge ein Szenencafé eröffnet*

Ursula Monn trug einen roten Hut mit breiter Krempe, und Jürgen Heinrich trug Gelassenheit zur Schau, als er sich aus dem grünweißen Polizeiauto quälte. Die Scheinwerfer tauchten die Straße in weißes Licht und verwandelten die herumstehenden Journalisten zur Kulisse. Ein privater Fernsehsender hatte die Medienmeute zum Umtrunk ins Café Orange in der Oranienburger geladen, um sie für eine Krimiserie gewogen zu machen. Irgendwann wird dieser Abend auch für das Lokal Dividende tragen, wenn dieser oder jener Kameraschwenk das Szenecafé erfassen wird.

Dabei hat das Café Orange Reklame kaum nötig. Seine Entstehung ist auffällig und einmalig genug: In der deutschen Hauptstadt machen neben der jüdischen Synagoge drei Kurden aus der Türkei ein italienisches Restaurant auf...

In der Sprache der Politik heißt das multikulturell, im heutigen Scheunenviertel gilt so etwas als normal. Zufall und Gesetzmäßigkeit haben geheiratet und eine Kind mit Namen Orange gezeugt. Die Väter heißen Cuma Kiraz, Serdar Aliabbasoglu und Hüsseyin Sevran. Unfreiwillige Mutter ist die Wohnungsbaugesellschaft Mitte (WBM). Die drei Westberliner wollten irgendwo, irgendwie in Ostberlin ein Restaurant eröffnen, studierten Anzeigen und wurden auch bei der Wohnungsbaugesellschaft in der Dircksenstraße vorstellig. Man bot ihnen zur Besichtigung dieses und jenes an, auch das 1985 aus hygienischen Gründen verschlossene Oranienstübl in der Oranienburger.

Cuma Kiraz zog dort die verrottete Jalousie nach

oben. Fahles Licht fiel in die verstaubte Kaschemme, in deren hinterem Teil sich einige Wohnräume befanden. Das Mobiliar war verschwunden, nur von der Decke baumelten einige Lampen vom VEB Leuchtenbau. Spinnweben auf 200 Quadrametern. Top, das Lokal nehmen wir, sagte Kiraz, und die Vermieter beglückwünschten die drei zu ihrem Entschluß: Sie wären damit die ersten Türken, die sich in Mitte niederließen.

Der Beifall der Wohnungsbaugesellschaft galt wohl weniger der Nationalität, sondern mehr der spontanen Zusage - andere Interessenten hatten nämlich das gleiche Angebot ausgeschlagen. Die Aufwendungen, um den Laden flott zu bekommen, schienen zu hoch, die Aussicht auf das schnelle, große Geld zu gering.

Nach neunmonatiger Selbstausbeutung und Restaurierung, die sie alles in allem eine Viertelmillionen kostete, räumten die drei Kurden nach der Eröffnung Anfang Juli 1992 selbstkritisch ein: Wenn sie vorher gewußt hätten, was sie erwartete, wären sie zu einer ähnlichen Auffassung gelangt wie ihre Vorbesichtiger. Der Einsatz hätte sie überfordert.

Doch immerhin: Sie haben nicht auf halbem Wege kapituliert. Sie wußten am Tag der Eröffnung: Zwei Jahre haben sie, um bei der unternehmerfreundlichen Miete von 1000 DM pro Monat ihre beträchtlichen Schulden abzuzahlen. Erst danach können sie Gewinn erwirtschaften. Dann aber steigt auch die Miete, und man wird sehen, ob unter den veränderten Umständen die Kneipe gehalten werden kann. Wenn sie bis dahin Kredite und Zins und Zinseszins beglichen haben, scheiden sie zumindest ohne finanzielle Verpflichtungen und mit angenehmen Erfahrungen aus diesem Abenteuer. Und das wäre doch auch schon etwas.

Wichtig ist, daß die Szene treu bleibt. Das Publikum der Orange, das sich sommers auf langen Bänken und

Der Gastfreundliche: Kneiper Kiras bringt orientalische Gelassenheit ins Viertel.

an nackten Holztischen vorm Lokal und drinnen unter bizarren Jugendstillampen und vor kahlen ockerfarbenen Wänden drängelt, ist mehrheitlich zwischen 20 und 35 Jahre alt und kommt nicht aus dem Kiez. Tagsüber sind es müde Touristen und abends meist Westberliner, die dem Zeitgeist folgen.

Diese Volksgruppe aus Studenten, jungen Akademikern, Künstlern, Intellektuellen, Originalen und die sich dafür halten trägt gemeinhin das Etikett „Szene". Die Benennung verschmilzt mit den von ihnen bevorzugt heimgesuchten Orten zu einem Begriff gleichen Namens.

Die Tücke ist jedoch: Sobald die Außenwelt Kenntnis erhalten hat, verliert der Ort bei den Insidern den Titel. Eine Szenetreff bleibt es nur so lange, wie die Adresse nicht in der Zeitung steht. Was öffentlich ausgewiesen und damit kein Geheimtip mehr ist, geht seines besonderen Flairs und eines Teils seines Publikums verlustig. Dieser wird dann durch neu angelockte Leute, die zur Szene gehören wollen, kompensiert. Oder auch nicht. Des Risikos von Publicity ist sich Cuma Kiraz sehr bewußt. Ein Ruf ist rascher ruiniert als gewonnen.

Der schwarzhaarige, hochgewachsene Cuma Kiraz kommt - wie seine beiden Freunde - nicht aus dem gastronomischen Fach. Seit 1982 arbeitet er halbtags als Sozialarbeiter im Wedding. Daneben studierte er. Zunächst Betriebswirtschaft, dann Psychologie. Im Sommer 1991 meldete er die Prüfung fürs Vordiplom an, doch da machte sein Freund Serdar diesen Vorschlag mit der Kneipe. Eine lange gepflegte Schnapslaune sollte Realität werden. Im Osten, aber bitte nicht in Marzahn oder Hellersdorf. Wegen der Ausländerfeindlichkeit in den Satellitenstädten an der östlichen Peripherie. Zumindest hörte man gelegentlich davon...

Kiraz sagte vermutlich auch deshalb zu, weil er endlich eine Ausrede hatte, beim Psychologiestudium pausieren zu können, denn dieses betrieb er lediglich als Hobby. Da er schon einmal im Westen bei der Sanierung eines Hauses mitgeholfen hatte, empfand er das Objekt in der Oranienburger als eine persönliche Herausforderung. Einerseits herrschte das strenge Diktat der Denkmalpflege, andererseits war alles zweckmäßig zu erneuern. Selbst der Fußboden, durch den sie in den Keller stürzten, weil die vom Schwamm zerfressenen Balken nichts mehr trugen, mußte aufwendig ersetzt werden.

Die drei Freunde ackerten. Legten die alten historischen Rundbögen zur Straße wieder frei, die einst in DDR-Tagen - vermutlich in Ermangelung entsprechender Fenster - entweder zugemauert oder durch ein normiertes Geviert ersetzt worden waren. Sie restaurierten die lädierte Stuckdecke, installierten Toiletten und Küche im hinteren Teil des Etablissements. Das Ambiente interessierte sie zunächst wenig. Die Geschichte des Scheunenviertels war ihnen unbekannt. Die Synagoge nahmen sie erst später bewußt wahr und registrierten sie erfreut als Magneten, der auch ihre Gäste anzog.

Ab und an streifte ein kritischer Besucher vom Bezirksamt durch die Räume, um offiziell den Fortgang der Arbeiten zu begutachten. Seine Mission galt aber einem anderen Zweck: Er hatte festzustellen, ob hinter dem Schankraum wirklich die ausgewiesenen Betriebsräume und keine Verkehrsräume für die vor dem Haus flanierenden Damen entstanden. Diese Sorge war spürbar und auch erklärlich: Die kommunale Obrigkeit will verhindern, daß ein Rotlichtbezirk mit all den üblen Begleiterscheinungen entsteht.

Die künftigen Geschäftsführer selbst hatten erst relativ spät erkannt, daß sie den Strich vor der Türe hatten. Sagen sie. Da war bereits der Mietvertrag unterzeichnet. Hätte er dies vorher gewußt, so Kiraz bedächtig, dann hätte er vielleicht nicht unterschrieben. Der doppelte Konjunktiv verrät seine Distanz zum Horizontalgewerbe, wenngleich er inzwischen eine gewisse Sympathie entwickelte. Das gehöre eben zur bunten Mischung von Galerien, Kneipen und Wohnungen im Scheunenviertel. Wäre der Strich so heruntergekommen wie der Rotlichtabschnitt in der Potsdamer Straße mit den billigen Sexshops, Pornokinos und drogenabhängigen, ausgelutschten Prostituierten, wären sie aus dem Mietvertrag ganz gewiß ausgestiegen. So aber stimme die Mischung, besäßen die Proportionen ein erträgliches Maß.

Lebensläufe sind immer einmalig und nicht vergleichbar, doch Schicksale weisen durch die Jahrzehnte Ähnlichkeiten auf. Cuma Kiraz ist ein assimilierter Berliner. Wie seinerzeit sich Juden aus dem Osten hier niederließen, um ihre Familien nachzuziehen, sobald sie Fuß gefaßt hatten, so kam Kiraz' Vater aus einem türkischen Dorf nahe der syrischen Grenze nach Berlin. 1973 holte er, als Gastarbeiter beim Gartenbauamt Neukölln untergekommen, einen Teil der Familie nach: die Mutter, eine Schwester und den elfjährigen Kiraz. Zwei weitere Schwestern und ein Bruder blieben in der Heimat zurück.

Die westliche Umwelt erodiert jahrhundertealte Traditionen. Kiraz ist bestenfalls dem Aussehen nach ein Kurde. Und dennoch lebt er nicht gänzlich außerhalb der alten Kultur. Nachdem er und seine Freundin drei Jahre lang ihre beiden Familien geärgert hatten, heirateten sie im November 1991. Es ist nicht üblich in der Türkei, daß zwei unter eine Decke kriechen, wenn sie nicht per Trauschein miteinander verbunden sind.

Kiraz ist höflich und zurückhaltend, ein sanfter Mensch mit auffälliger Sensibilität. Das erleichterte ihm gewiß den Einstieg im Osten Berlins und den Zugang zu den Menschen. Wenn sie ein solches Projekt im Westen begonnen hätten, wäre dies bei den Anwohnern kaum auf Anteilnahme gestoßen, glaubt er. Hier aber habe fast jeder zweite Passant neugierig ihre Baustelle gemustert und Erkundigung eingeholt, was denn da entstünde.

Mitunter folgten der Frage wortreiche Erinnerungen an das an derselben Stelle früher betriebene Lokal. Das habe ihn zunächst überrascht, aber keineswegs verärgert. Im Gegenteil. Und schon meldet sich der studierte Psychologe zu Wort: Ein solches Verhalten signalisiere ein Bedürfnis nach Kontakten. Kiraz nennt als Beleg die Gespräche mit den Anwohnern, Wohnungsbesetzern aus dem Hause sowie den Besitzern der Restaurants rechts von der Synagoge: Oren, Silberstein und Assel. Neid und harte Konkurrenz habe er noch nicht feststellen können, es herrsche tolerantes Miteinander. Auch in politischer Hinsicht. Mit den Roten habe er nie Probleme gehabt, und daß im Viertel jeder Dritte PDS wählt, störe ihn keineswegs, denn für ihn sei PDS nicht SED.

Eine gewisse Unkenntnis und Unbefangenheit schützt Cuma Kiraz vor unzulässigen Verkürzungen der Geschichte. Anderen Kneipenbesitzern im Kiez wurde einst übel mitgespielt. Sie gehen folglich nicht ganz so nachsichtig mit historischer Erblast um. Einer aus dem Kreis der Betroffenen hieß Alfred Mahlich. Er stand in der Mulackstraße 15 hinterm Thresen und zapfte dort bis 1952 sein Bier. Die Kneipe existierte ununterbrochen seit 1770 und gehörte mit zu Berlins berühmtesten, den Namen führten alle einschlägigen Reiseführer: Mulack-Ritze.

Das Lokal gelangte zu seiner Popularität zunächst durch Heinrich Zille, der dort verkehrte und Milieustudien betrieb. Es war eine Arbeiter- und eine Nuttenkneipe, ein Treffpunkt für Schwule, Lesben und Transvestiten. Vor dem ersten Weltkrieg lockte es den Sexualforscher Magnus Hirschfeld ebenso an wie Rechtsanwälte und andere Bürger, die normalerweise in solche Stampen keinen Fuß setzten. In den zwanziger Jahren avancierte die Mulack-Ritze zur Künstlerkneipe, nachdem dort 1920 etliche Meter des Films „Das Mädchen aus der Ackerstraße" mit Henny Porten in der Hauptrolle gedreht worden waren. Später entstanden im, vorm und hinterm Haus wesentliche Teile des Klassikers „Mutter Krausens Fahrt ins Glück". Unklar ist, ob die Produktion der Filme Ursache oder Folge des sichtbaren Interesses namentlich von Schauspielern für die Mulack-Ritze war, Tatsache bleibt: Zu den Stammgästen zählten seinerzeit Henny Porten, Fritzi Massary, Claire Waldoff - deren Büste seit den achtziger Jahren vorm Friedrichstadtpalast am anderen Ende der Spandauer Vorstadt steht und nach der hier eine Straße benannt ist -, Marlene Dietrich, Max Pallenberg, Bert Brecht, Gustaf Gründgens und manch anderer Prominenter.

Brecht hat noch nach dem Krieg in der Mulack-Ritze gehockt und seine Zigarren geraucht, bis schließlich die neue Ordnung zuschlug. An einem Abend im Jahre 1952 erschienen die Abgesandten des Magistrats aus dem östlichen Sektor Berlins und erklärten der ahnungslosen Minna Mahlich vor ihren Gästen, wenn sie und ihr Mann nicht endlich die Nutten, Schwulen und Lesben hinauswürfen, würde der Laden dichtgemacht werden.

Der Auftritt der bigotten Bürokraten entbehrte nicht einer gewissen Tragik. Die Wirtsfrau Minna Mahlich war eine geborene Lewinthal. Daß sie den Vernichtungskrieg der Nazis gegen die Juden überlebte, verdankte sie ihrem mutigen Mann, der allen Forderungen widerstand, sich von ihr scheiden zu lassen. Nun erlebten beide eine andere Form denunziatorischer Ausgrenzung bestimmter Menschen, die seit sieben Jahren überwunden schien.

Minna und Alfred Mahlich weigerten sich, ihren homosexuellen Kunden Lokalverbot zu erteilen, und bekamen die Quittung. 31 Lokale waren seit 1945, in sieben Jahren, im Scheunenviertel bereits geschlossen worden. Sie sollten die Nummer 32 werden. Man nötigte ihnen einen Kaufvertrag über das Grundstück und das Haus auf, der Magistrat zahlte ihnen 7700 Mark und setzte sie 1962 an die Luft. Obgleich die letzte noch existente Zille-Kneipe Berlins zwischenzeitlich unter Denkmalschutz gestellt worden war, erfolgte zur Jahreswende 1963/64 der Abriß. Die Bausubstanz, so berichten Augenzeugen, war tadellos, der Abbruch also weder notwendig noch irgendwie sinnvoll. Offenkundig ging es den Verantwortlichen nur um eins: zu zeigen, wer die Macht in der Stadt hatte. Und diese Macht wollte das vermeintlich häßliche Erbe aus dem Stadtbild tilgen.

Das einzige, was von der Mulack-Ritze blieb, ist sein Inventar. Es kann besichtigt werden am östlichen Rand von Berlin im Keller des Gründerzeitmuseums in Mahlsdorf. Der Chef ist eine Chefin und Berlins berühmteste/r Transsexuelle/r, der/die unter dem Namen Charlotte von Mahlsdorf bekannt wurde.

Lothar Berfelde stammt selbst aus dem Scheunenviertel und rettete im Dezember 1963, buchstäblich in letzter Minute, das Interieur der historischen Kneipe, ehe der Kulturfrevel diese dem Erdboden gleichmachte. Charlotte von Mahlsdorf erwarb zu einem angemessenen Preis, den sie den Mahlichs aus eigener Tasche zahlte, für ihr/sein Museum die Zeugnisse einer niedergerissenen Welt.

Der Kultursenator des wiedervereinigten Berlins heftete der/dem Hochbetagten im Sommer 1992 dafür das Bundesverdienstkreuz an die Brust. Die Medien nahmen sich ihrer/seiner an, und als Rosa von Praunheim einen Film über Charlotte drehte, wurde sie/er endgültig zur Kultfigur.

Die Mulackstraße, angeblich einst verrufenste Straße des Scheunenviertels, existiert heute nur noch als Fragment. Die 1699 nach dem Erbauer des Eckhauses zur Alten Schönhauser benannte Gasse war erst 1862 in den Rang einer Straße gehoben worden, reichlich hundert Jahre später sollte sie vollständig Plattenneubauten weichen. Dem entschlossenen Handeln von geschichtsbewußten Bürgern ist es zu danken, daß die bereits gebohrten Sprenglöcher nicht gefüllt wurden und ein Gebäude stehen blieb. Es erwies sich als das entscheidende. Ringsumher war bereits der Baugrund vorbereitet, doch dieses eine Haus blieb stehen und verhinderte durch seine fortgesetzte Präsenz die an dieser Stelle vorgesehene Errichtung eines Heizwerkes. So kam die Ausführung des ganzen Planes ins Stokken, und ehe eine neue Lösung parat war, ging der Staat unter, dessen Stadtplaner sich dies ausgedacht hatten.

Ernst Engelbrecht, ein schriftstellernder Kriminalkommissar aus den zwanziger Jahren, tauchte bei seiner

Jagd auf das Verbrechertum natürlich auch in die Mulackstraße ein. Er beschrieb „eine Kaschemme der alten Ganoven" so:

„Über der Tür eine Tafel mit der harmlosen Aufschrift ‚Bierquelle'. Drei Steinstufen führen in den bedrückend kleinen Raum, in dem nicht mehr als drei Tische, eine Bank und ein paar klapprige Holzstühle vorhanden sind. Hinten befindet sich das Büfett, ein kahler Ladentisch, und hinter ihm die Wirtin, die aus einer großen Flasche Brennspiritus in Gläser schenkt..."

Für den Staatsdiener Engelbrecht war jedes Lokal namentlich im Scheunenviertel Ausgangspunkt und Ende verbrecherischer Untaten. Mit Abscheu nannte er ihre Namen: "In der Münzstraße finden wir im ‚Münzhof', in der ‚Münzglocke', in der ‚Münzklause', in der ‚Alexanderquelle', in ‚Martins Hackepeter' usw. stark besuchte Verbrecherlokale, in denen allerdings nicht nur Verbrecher, sondern auch gelegentlich, aber nur selten und ausnahmsweise, ehrliche Arbeiter und ihre Angehörigen zu verkehren pflegen. In der Prenzlauer Straße, dicht an der Münzstraße, sind das Café Mexico und in der Schönhauser Straße der ‚Gute Happen' und andere Speiselokale nicht minder gefährliche Brutstätten des Verbrechertums."

In einem anderen Buch zählte er auf: „In der Nähe des Oranienburger Tores lagen die bekanntesten Kaschemmenkeller, in der Linienstraße der ‚Katakombenkeller' und ‚Der blaue Strumpf', in der Auguststraße der ‚Augustkeller' und in der Joachimstraße der ‚Joachimskeller'. Außerdem gab es noch den ‚Zementkeller', ‚Albertkeller', ‚Steinkeller', ‚Gormannkeller' und zahlreiche andere in der oberen Friedrichstraße gelegene Kaschemmen". Den Guten Happen in der Schönhauser Straße machte der Autor zum „bekanntesten und besuchtesten Massenlokal der Berliner Verbrecherwelt", wobei er sich offenbar bei seiner Wertung unschlüssig war. Denn in einem weiteren Werk hob er das Café Dalles in der Schönhauser Straße in den Rang „einer richtigen Verbrecherbörse", in welchem „eine ganze Anzahl großer Kapitalverbrechen" ihren Ausgang nahmen. Süffisant, mit einer Mischung aus wohligem Schauder und distanzierter Ablehnung, beschrieb er die Details aus dem Guten Happen: „Von außen völlig unscheinbar, läßt es den Riesenbetrieb drinnen nicht im entferntesten ahnen. Die Gäste, meistens junge Burschen und liederliche Mädchen, der Nachwuchs des Verbrechertums, geben sich die redlichste Mühe, die Blechmusik der Hauskapelle zu überschreien, und wer mutig genug ist, sich an einen der wenig sauberen Tische niederzulassen, wird bald von bettelnden, aufdringlichen Megären belästigt. Schon nach wenigen Minuten merkt man dann meistens irgendwo am Bein oder am Arm einen unbehaglichen Juckreiz, der dann zu Hause eine ausgiebige Jagd erforderlich macht. Ein noch größeres Lokal, das berüchtigte Café ‚Dalles', aus dem zur Zeit der Inflation bei Razzien Dutzende von Lastkraftwagen voll Gesindel herausgeholt wurden, hat schon seit mehreren Jahren seine Pforten geschlossen und einem Kino Platz gemacht. Hier waren früher Gabeln und Löffel mittels langer Eisenketten an der Wand befestigt, um ihre Entwendung zu verhindern. Eine Angestellte des Hauses ging dann mit einem großen Bottich, in dem sich eine fürchterlich schmutzige Brühe befand, öfter mal von Tisch zu Tisch, um Tischplatten und Bestecke einer Reinigung zu unterziehen.

In der Mulackstraße ist ein Verbrecherlokal besonders bemerkenswert. Es liegt in einem ganz winzigen Häuschen, das nur eine einzige Gaststube zu beherbergen vermag. Als ich vor mehreren Jahren einmal dort war, gab es hier noch wirklichen Brennspiritus zu trinken. Dieser ‚Brennabor' schien allen Gästen vortrefflich zu munden. Inzwischen ist hier doch vieles anders geworden, heute wird neben Kaffee und Kartoffelpuffern auch Bier verabfolgt. Trotzdem scheinen die alten Gäste ihrem Stammlokal aber treu geblieben zu sein. Früher, so erzählte man mir, wurden hier nur Gäste zugelassen, die mindestens fünf Jahre Zuchthaus ‚abgemacht' hatten und wenigstens 60 Jahre alt waren. Auch bei Frauen wurde ungalanterweise bezüglich der Altersgrenze keine Ausnahme gemacht. Ob das heute noch so ist? Alt, sehr alt, schmutzig und verblödet ist jedenfalls auch heute noch die Mehrzahl der Gäste."

Die Arroganz des beamteten Bourgois bricht immer wieder durch, so kommentieren sich Engelbrechts literarische Zeugnisse selbst. Seine Nachrichten über das „Monno" in der Grenadierstraße, den „Schmortopf" in der Mulackstraße und den „Puttkopf" in der Linienstraße sind zwar mit einer gehörigen Portion Skepsis zu lesen. Doch diese Zeilen sind die einzigen Hinweise auf die Existenz dieser verschwundenen Kneipen und Kaschemmen. Kein Baedeker verzeichnete ihre Adressen, kein Stadtchronist beschrieb ihr Vorhandensein, kein Redakteur dokumentierte ihre Namen und ihr Aussehen.

Vergangen und vergessen. Wo der Wirt im Joachimskeller einst Bier ausschenkte, gähnte jahrzehntelang eine Baulücke. Sie wurde 1992 durch den ersten Neubau geschlossen, der nach dem Mauerfall im Scheunenviertel enstand.

Der Bauherr, Rechtsanwalt Rüdiger L. aus einer westdeutschen Kleinstadt, dessen Adresse lange an einer Tafel vor der Baustelle zu lesen war, sorgte für einen Skandal. Er setzte sich über die Vorschrift hinweg, in diesem Viertel nur Gebäude mit verschiedenen Funktionen unter einem Dach zu errichten. Weil mit Gewerbemieten mehr zu verdienen ist, ließ er ein Bürohaus projektieren. Dem Protest der Kommune nahm er die Spitze durch einen Roßtäuschertrick: Er ließ auf die oberste Etage zwei Maisonettewohnungen setzen, um der Forderung nach Behausungen zu entsprechen. Damit verstieß er aber gegen das Diktat der Denkmalpfleger, denn so überragte das Bauwerk die umstehenden um 3 Meter, was nicht statthaft ist.

Das Straßen- und Stadtbild wurde also unzulässig „stark verändert", wie es in einem Gutachten heißt. Außer verbaler Verurteilung erfolgte nichts. Aber: Der Herr L. hat einen Präzedenzfall geschaffen. Alle nachfolgenden und ihm nacheifernden Bauherren, die auf solche lächerlichen Vorschriften pfeifen wollen, werden auf diese Noten zurückgreifen.

Nebenan, gegenüber von Hackbarths Bar, einem anderen Szenetreff, hausen in einer Ladenwohnung skurrile Hausgeister, die Rüdiger L.'s Treiben nicht verhindern konnten. Die Decke ist mit Blättern aus dem Telefonbuch beklebt, unter den Füßen und einer Klarlackschicht sind Zeitungsseiten gebreitet und im Hinterzimmer singen Wale (von der CD). Alles zusammen schafft Atmosphäre.

An der Stirnseite, wie auf einem Altar, stehen sie, die Hausgeister, und warten auf ihren Verkauf. Ihre Inkarnation erfolgte in phantasievollen Stunden in Ateliers und Wohnzimmern. Profis und Amateure legten Hand an und hauchten Ton oder Metall, Pappe oder Holz Geist ein. Vergleichbares gibt es in der Stadt nicht. Vielleicht ist die Idee des „ars vivendi e. V." ausreichend ungewöhnlich, um das Überleben des Galerie-Cafés Hausgeister zu sichern. Obgleich täglich geöffnet, werden nur mittwochs zwischen 18 und 20 Uhr die in Kommission genommenen Plastiken veräußert, denn: „Erfolgreicher Geisterhandel beruht auf modernem Management". Die Manager sind Ex-Mitglieder des Verbandes Bildender Künstler der DDR, ihre Ausbildung und ihre Ambitionen sind von größerer Solidität als die der meisten in der Hausbesetzerszene reüssierende Künstler. Der Grat zwischen Kitsch und Kunst ist vermutlich breiter als der zwischen Kunst und Schrott.

Das von Engelbrecht beschriebene Lokal Monno in der Grenadierstraße 33, an der Ecke zur Hirtenstraße gelegen, fand schon bei einem Herrn Keßlein kritische Erwähnung. In seinem 1881 verfertigten Buch über Berlins berühmte und berüchtigte Häuser hieß es, die Monno'sche Tabagie sei früher eine gewöhnliche Tanzkneipe gewesen, in der Handwerker und Fabrikmädchen miteinander flirteten und die Seidenwirker alljährlich ihr berühmtes Fliegenfest feierten. Nunmehr - 1881 - sei es aber „ein Haupttummelplatz der der öffentlichen Sicherheit gefährlichen Personen beiderlei Geschlechts". Saal und Lokal seien schmutzig und wenig einladend. Von dem ewigen Lampenlicht und Tabaksdampf, schreibt Keßlein, habe sich auf Wände und Decke ein dicker Ruß gelagert.

Und dennoch fand hier an jedem Abend etwas statt: Tanz mit künstlerischen Einlagen. Akrobaten, Bauchredner, Puppenspieler, Zauberer und andere Künstler unterhielten das zahlreich erschienene Publikum. Und eine polizeiliche Razzia. „Die Saalthür öffnet sich, Polizeibeamte in Civil, von Gensd'armen begleitet, treten in das Lokal. Der Vorderste von ihnen, ohne Zweifel der Führer dieser sicherheits-polizeilichen Expedition, bleibt unweit des Ausganges stehen und mustert mit scharfem Blick die Physiognomien der Anwesenden. Er spricht darauf leise mit seinen Begleitern, und aus der scheinbar zu ihrer frühern Fröhlichkeit zurückgekehrten Gesellschaft greifen sich die Polizeibeamten ‚Sandlotte' und ‚Quirlkopf', ‚Talglicht', ‚den Affen' und ‚Perlguste' heraus. Diese wissen, welches Schicksal ihnen bevorsteht, und betheuern mit heiligen Versicherungen ihre Unschuld und daß sie in jüngster Zeit stets fleißig gearbeitet und ordentliche Schlafstellen gehabt hätten. Trotz vielfacher Bitten lassen sich die Beamten dennoch nicht erweichen und bringen sie in Sicherheit, d. h. mit anderen nach der Stadtvogtei." Der Obrigkeitsstaat hat zugeschlagen.

Keßlein erwähnte auch den Türkenkeller, den es zu Engelbrechts Zeiten offenbar schon nicht mehr gab. Er befand sich im Eckhaus zum Hackeschen Markt an der Neuen Promenade 3, wo heute wilde Büsche wuchern. Das als Kunst-Gewölbe firmierende Etablissement bot 1881 Unterhaltung verschiedener Art: „Cosmoramen, Dioramen, Figurentheater, Laterna magica's, Bänkelsänger und andere Virtuosen. Wohin das Auge blickt, wohin das Ohr sich wendet, immer sieht und hört es etwas anders. Nirgends Monotonie, überall reiche Abwechslung." Aber: „Unter welchen Menschen?!" Kleine Ganoven und Faulenzer, die die von ihren bettelnden Kindern zusammengetragenen Groschen hier niederträchtig versaufen, Schlafstellendiebe und Bauernfänger, Huren und Spitzbuben macht Keßlein aus.

Schräg übern Platz entstand zwei Jahrzehnte später auf zehntausend Qudratmetern Deutschlands größter Wohn- und Gewerbehof jener Zeit: die Hackeschen Höfe. Der Unternehmer Bräuer gab sie bei den Architekten Reyscher und Hoeninger in Auftrag. Im ersten Hof öffnete 1906 ein Weinlokal, das der Berliner Innenarchitekt August Endell konzipierte. Er hat maßgeblich den Berliner Jugendstil geprägt, und auch dieses Weinlokal trägt seinen Stempel. In den neunziger Jahren macht man sich daran, mit Hilfe alter Fotos das Restaurant zu rekonstruieren ...

Die heutigen sich mehrenden Cafés, Kneipen und Restaurants im Scheunenviertel atmen nur wenig den Geist jener Jahre, ihre Gewänder sind sehr gegenwärtig und mitunter auswärtig. Die wenigen verräucherten Berliner Stampen fristen nur noch ein bescheidenes Dasein mit ihrem dezimierten Stammpublikum, der Strom der abendlichen Kneipengänger ergießt sich in die Tempel der attraktiveren Konkurrenz oder des Zeitgeistes. Deren Bandbreite reicht vom „Oscar Wilde", einem irischen Pub in der Friedrichstraße, über das jüdische Beth-Café in der Tucholskystraße und das modernistische Schwulenlokal Valentino in der Auguststraße bis hin zu studentischen Kellerlokalen wie der Assel, SchülerInnencafés und ausgemachten Szene-Kneipen und Kultstätten wie der Eimer, ein besetztes Haus am Ende der Rosenthaler Straße.

Überhaupt ist es Usus, stillgelegte Einrichtungen ursprünglich anderer Art einem neuen Verwendungszweck zuzuführen. Wo man einst Wurst und Fleisch in der Alten Schönhauser kaufte, stehen zwischen den herrlichen Fliesenwänden aus der Zeit der Jahrhundertwende Stühle und Tische eines Lesecafés. Aus dem vormaligen Klub der Werktätigen in der Neuen Schönhauser (unweit des früheren Jüdischen Arbeiter-Kultur-Vereins) wurde das KadeWe der Hausbesetzer. In der Abkürzung steckt eine dreifache Ironie. Nebst Klub der Werktätigen heißt das Kübel der Weisheit und Kaffee des Widerstands. Sein Markenzeichen ist die nicht minder phantasievolle Volxküche auf Zeit.

Im Wild-Ost-Laden „Obst und Gemüse", am Beginn der Geilen Meile, wurde bis vor einigen Jahren tatsächlich mit Kohl und Gelben Köstlichen gehandelt. Die neuen Betreiber ließen das Schild hängen und gaben dem Inneren eine neue Funktion. Das Interieur vermittelt den Eindruck einer mexikanischen Pinte. Die Neonlampen sind aus Schrott und Kupferrohren gebastelt, und an der Decke dreht sich ein großflügliger Ventilator. Die Wände werden von alten Schaukästen geziert, der Fußboden ist nicht sonderlich sauber, und im Raum nebenan gibt es gelegentlich Kunst zu sehen.

Die Destille öffnete Mitte Mai 1992 und war während der Abende des ersten Sommers immer voll. Das Schild an einer Linde vorm Haus, die Gäste möchten bitte nicht auf die Straße treten, hindert das jugendliche Szenepublikum zwischen 20 und 30 nicht, Bürgersteig und Räume zwischen parkenden Autos zum

Gastraum zu machen. Drinnen holt man sich seine Flasche Bier, dann steht man in Gruppen, quatscht und trinkt und kifft und lehnt sich gegens Blech, fremde Autodächer als Tresen benutzend. Ab und an kommen Zeitungsverkäufer und Brezelvertreiber vorbei, um ein paar Pfennige zu verdienen, hingegen machen die Rosenverkäufer aus Südasien einen Bogen um diesen Pulk. Für sie ist hier nichts zu holen. Kein Galan in Sicht, der seiner Angebeteten fünf Mark spendiert.

Auch im „Obst und Gemüse" haben drei Zugereiste die Mütze auf. Einer ist ein Steinmetz aus Bayern vom Jahrgang 1960. Ein anderer kommt aus Stuttgart, Kunstmaler, er lebt seit fünf Jahren in Neukölln.

Dieser Reik Dominik sammelte bereits als Pächter des Café Adler am Checkpoint Charly Erfahrungen in der Branche. Sein Credo heißt: „Ich möchte da leben, wo nicht alle so aussehen wie ich selbst. Ich mag mehr einen Kiez, der gemischt ist, wo ich merke, daß die Leute weiterleben, die da schon immer wohnten."

Der Mann verfügt über feine Sensoren, er hat, wie man in solchen Kreisen sagt, gleich gerafft, wo wie was läuft. Im Prenzlauer Berg, am Platz der vor der Wende in den Westmedien verklärten Untergrundkultur, läuft für Leute wie ihn heute nichts. Daß dort Westler nicht willkommen sind, hat auch Reik schon erfahren müssen. „Dort lebt eine starke Ostidentität", sagt der Geschäftsmann. Im Scheunenviertel sei das anders. Hier seien alle für alles offen, niemand trete einem anderen auf die Füße. Alle Strömungen, die es in der Stadt überhaupt gebe, treffen ungehindert aufeinander: Hausbesetzer, Ostberliner, die plötzlich ihr eigenes Viertel entdeckten, die Zeitgeist-Fraktion aus Schöneberg, die immer dahin zieht, wo es gerade angesagt ist, aus Kreuzberg die Leute aus der Wienerstraße, Prostituierte und ihre Freier, Punks, Grufties, Schwule, Selbstdarsteller. Ihre Präsenz bezeugt nur das Temporäre dieses Zustands. So wie er urplötzlich begann, so wird er eines nicht allzu fernen Tages verschwinden, und biedere Normalität hält wieder Einzug.

Wenn man den Anspruch der drei Betreiber von „Obst & Gemüse" mit dem der drei Kurden aus dem Café Orange vergleicht, werden die Unterschiede erkennbar. Die cleveren Zeitgeistler veranschlagten für den Umbau vier Monate, und die einzige Investition war eine Kaffeemaschine. Alles andere durfte nichts kosten. Die Übernahme des Etablissements hatte nach eigenem Bekunden des Jungunternehmers aus Bayern den Charakter westlicher Aufbauhilfe: „Den Obst- und Gemüseladen wollte keiner übernehmen, da sind wir in die Lücke gesprungen und haben ihn für fünf Jahre von der WBM gemietet."

In der Umgebung bekam „Obst & Gemüse" bald einen Spitznamen: „Kraut und Rüben". Der konnte nur von Einheimischen stammen, die das frühere Angebot kannten und auch vom jetzigen nicht gerade überzeugt sind. Wachsender Umut der Anwohner führte schließlich zur Bildung einer Bürgerinitiative, die im Oktober 1992 erzwang, daß der Laden wegen ruhestörenden Lärms ab 22 Uhr geschlossen werden mußte. Etwa hundert Leute hatten beim Wirtschaftsamt protestiert, das daraufhin diese Auflage erteilte. Als Antwort schlossen die Betreiber erst einmal ihr Lokal, planmäßig, wie Geschäftsführer Udo Rehm abwinkte, man baue eine Heizung ein. Die Lokalpresse jubelte doppeldeutig: „14 Tage lang kein Obst und Gemüse in Mitte". Rehm mutmaßte jedoch öffentlich - damit verratend, daß die vermeintliche Harmonie im Kiez vielleicht doch nur eine Täuschung ist -: „Wir sind die Prügelknaben für den Lärm in der gesamten Oranienburger Straße. Die Menschen hier wollen sich nur nicht an das neue Gesicht ihrer Straße gewöhnen."

Das gediegenste und trotz der etwas gehobenen Preise auch von Ostberlinern angenommene Lokal

Sommerzeit: Tagsüber gibt sich die Oranienburger Straße als Idylle

heißt Oren. Der Name wurde einem in Israel wachsenden immergrünen Baum entlehnt und läßt bereits auf die Betreiber schließen: Es sind zwei Israelis, die sich bei der jüdischen Gemeinde neben der Synagoge eingemietet haben. Die Küche ist vegetarisch und sehr gut, das Bier von hier, das heißt aus Radeberg. Man kann es im Innenhof nehmen oder zwischen Marmorwänden und Phönixpalmen im Schankraum, immer vorausgesetzt, man bekommt einen Platz.

Wenn sich die Kulturen mischten, nannte man das früher eine Begegnungsstätte. Das Oren besitzt augenscheinlich diesen Charakter. Der Anteil von Juden und von an jüdischer Kultur interessierten Menschen ist auffällig hoch im Publikum, was an diesem Orte kaum jemanden überrascht. Es wächst hier etwas, das nicht einfach mit Rückkehr vergangener Verhältnisse beschrieben werden kann. Es gibt kein Anknüpfen an verflossene Zeiten, keine Auferstehung früherer Atmosphäre, auch wenn die Ahnung keimt, wie es gewesen sein könnte. Vielleicht ist es auch nur der fromme Wunsch, es möge doch so sein, wie es einst war, um den irreparablen Bruch in seiner Schärfe nicht wahrnehmen zu müssen.

Doch Schnitte hat es stets gegeben, nicht nur diesen tiefen von 1933/45. Der bereits bekannte Ernst Engelbrecht, 1923 über Berlin und die Ausländer meditierend, macht einen ersten Bruch schon während und nach dem ersten Weltkrieg sichtbar. Zuvor habe Berlin wie keine andere Metropole der Welt die Fremden angezogen. Sie seien begeistert gewesen von „der großzügig angelegten Stadt, der Sauberkeit der Straßen, der musterhaften Ordnung und den vielen vorbildlich geleiteten Bildungsinstituten und anerkannt vorzüglichen Theatern, den vielen historischen Erinnerungen und nicht zuletzt vom Glanz des Kaiserhofes und der deutschen Heeresmacht".

Ob da der Wunsch der Vater von Engelbrechts Gedanken war, soll nicht erörtert werden, wohl aber sein Loblied auf die Toleranz, das friedliche Nebeneinander von Berlinern und Ausländern und die hiesige Gastronomie. Der Gast war gut aufgehoben, er "fand gute Hotels, aufmerksame Bedienung und das alles zu durchaus angemessenen Preisen". Vorbei, dahin. 1923 jedenfalls macht der Berichterstatter nur noch drei Gruppen von Ausländern in Berlin aus. Die eine, „leider die Ausnahme", beteilige sich am „Wiederaufbau des deutschen Volkes". Eine zweite Gruppe, der man auch „gerne Gastfreundschaft gewährt", werde gebildet von „vertriebenen oder geflüchteten Deutsch-Russen und den geflüchteten Angehörigen früher befreundeter Nationen". Die Masse aber bildeten in den Augen des preußischen Beamten, der wohl stellvertretend für eine nicht unbedeutende Zahl von Deutschen sprach, die „lästigen Ausländer".

Die Furcht vor dem Fremden, die Angst vor dem Elend der Anderen, das vielleicht auch einmal das eigene werden könnte, durchdrang Engelbrechts verunsichertes Gefühl. „Die Mehrzahl dieser lästigen Ausländer stammt aus dem Osten. Galizier, Nationalpolen, Sowjetrussen und Angehörige der Balkanstaaten sind in der Hauptsache zu ihnen zu rechnen. Wie die Aasgeier über ein krankes Wild herfallen, haben sich alle diese Leute über das deutsche Volk hergestürzt, das schwer krank am Boden liegt. Geschäfte dunkelster Art tätigen diese Ehrenmänner, Schiebergeschäfte und solche deutschfeindlicher politischer Art. Ihnen wahrlich nicht zum geringsten verdankt das deutsche Volk sein Elend und seine Not, sie waren es, die Deutschland auszukaufen verstanden und alles das, was Wert hat, aus dem Volke herauszulocken."

Das ist der ideologische Acker, den die Nationalsozialisten in den nachfolgenden Jahren intensiv bestellen und - in ihrem Sinne - auch reiche Ernte einfahren.

Erstmals geht es diesen lästigen Ausländern am 9. November 1923 an den Kragen, im gleichen Jahr also, als Engelbrecht das schreibt. Der Mob fällt ins Scheunenviertel ein. Der Schriftsteller Arnold Zweig, der die Ursachen zu ergründen sucht, schlußfolgert in der Jüdischen Rundschau elf Tage nach dem Pogrom: „Der Jude als Typ ist dem Deutschen noch immer eine Märchenfigur, und wie die märchendichtende Phantasie des Volkes heute zur Schauerromaniade degradiert ist, ist auch er eine Figur des Schauerromans geworden, wie ‚der Freimaurer' der katholischen und ‚der Jesuit' der protestantischen Volksphantasie: unbekannt, abgesondert, geheimnisvoll und schnell verdächtig. Das klingt nach Mittelalter? Wir leben mitten in ihm, seitdem der große Krieg das bißchen Neuzeit, das wir der Aufklärung verdanken, mit dem Ärmel der Uniform weggewischt hat."

Noch immer sind bestimmte Vorurteile nicht verschwunden. Noch immer sind die Sprache und das Denken der Nazis im Gebrauch. Eine unweit des Scheunenviertels herausgegebene und inzwischen eingegangene Tageszeitung des Springer-Verlages, Der Morgen, forderte in bezug auf einen Mißliebigen im Mai 1991: „Dabei gehörte der Mann schon aus Gründen politischer Hygiene samt seiner Sippschaft hinter Gitter."

Doch solche Intoleranz ist nicht typisch. Noch immer schmeckt der Brennabor. Und seine unzähligen Nachfolger. In den vielen Kneipen, Cafés, Pubs, Pizzerias, Restaurants, Stampen und Destillen im quirlig bunten, internationalen Scheunenviertel.

Kob Kellotat kriegt die Kurve

*Wie ein Polizeioberkommissar (West)
den Osten begreift*

Er wiegt einiges über zwei Zentner, trägt einen Bart wie Wilhelm Zwo und benutzt Bartwachs aus Ungarn, damit die gezwirbelten Spitzen wie Antennen in die Luft spießen. Den ganzen Tag lang. Da könne man eine Tüte Mehl dranhängen oder so etwas Ähnliches, sagt Kellotat stolz und grient dabei. Hier ist Mitgrinsen erlaubt. An anderer Stelle sollte man es besser unterlassen, weil: Das könnte teuer werden. Wer ihn Bulle nennt, kann mit einer Strafanzeige rechnen. Das hängt davon ab, wer es gesagt hat und wie es gesagt wurde.

Polizeioberkommissar Egon-Joachim Kellotat aus dem Westen versucht im Osten den schmalen Grat zu beschreiten, der den bürokratischen Amtsbüttel von Jedermanns Liebling scheidet. Der Kontaktbereichsbeamte, kurz Kob genannt, will einerseits als Freund und Helfer gelten, andererseits - als des Gesetzes verlängerter Arm - ernst genommen werden. Der Balanceakt scheint in der Regel zu glücken, vielleicht hilft ihm auch sein exorbitanter Gesichtsschmuck dabei ein wenig. Kellotat sieht nämlich aus, als habe ihn Zille gezeichnet, und dessen Typen haben ja - bei aller sozialkritischen Schärfe - auch irgendwie etwas nostalgisch Gemütliches und Harmonisches an sich. Zille war hier, wie wir wissen, in der Mulack-Ritze, und Kellotat ist hier seit dem 2. Oktober 1990. Am Vortag, als die Einheit kam, kam Kellotat aus Charlottenburg und trat seinen Dienst in der Spandauer Vorstadt an.

Und das geschah so: „Wir haben uns im ehemaligen VP-Revier 12 gemeldet. Ich fragte: Wo ist mein Zimmer, mein Schreibtisch, mein Telefon? Die Formulare habe ich mitgebracht, weil wir wußten, daß es die im Osten nicht gibt." Drei Dinge braucht der Mann. Oder waren es vier? „Ich habe dann ein Zimmer bekommen und Schrank, Tisch und Stuhl reingetragen. Das war ein Ossi-Stuhl mit dem berühmten roten Bezug. Auf dem konnte man sitzen, aber nicht arbeiten. Der ging gleich kaputt. Ich habe bei den Firmen im Westen, bei denen ich früher tätig war, um einen Stuhl gebettelt. So etwas hatte ich in meinem ganzen Leben noch nicht getan. Aber ich hatte keinen Erfolg. Nach einem halben Jahr habe ich mir dann selber einen gekauft", repetiert Kob Kellotat seinen Dienstbeginn. „Ab und an kamen noch Anrufe für Herrn Soundso. Da habe ich geantwortet: Sie müssen was verschlafen haben, den Herrn gibt es nicht mehr, hier ist der Kontaktbereichsbeamte Kellotat. Klack, haben sie wieder aufgelegt."

Kellotats Kontaktbereich erstreckt sich übers halbe Scheunenviertel. Im Westen wird es von der Friedrichstraße begrenzt umd im Osten von der Großen Hamburger, im Norden von der Linienstraße und im Süden von Spree und S-Bahn. Im Amtsdeutsch heißt das Direktion 3 (City), Abschnitt 3 Mitte 1. Daß er ausgerechnet hier KoBB sein darf, ist zufällig, doch inzwischen dankt er diesem Zufall. Seinerzeit hat er blindlings auf die Karte getippt, nachdem sein Wunsch, das Rote Rathaus umrunden zu dürfen, sich nicht erfüllen ließ. Das Scheunenviertel war bis dato - wie ganz Ostberlin - terra inkognita für ihn; als Kreuzberger Kind habe er vorm Mauerbau mal den Gendarmenmarkt und das Bärengehege am Märkischen Museum besucht, sagt er, ansonsten spielte sich sein Leben zwischen Mariendorf, Spandau und Frohnau ab.

Dreiundzwanzigjährig ging Kellotat im Jahr der Studentenrevolte zur Polizei. Mit der gewünschten Laufbahn als Kriminaler wurde es nichts, dafür besuchte er diverse Lehrgänge und erhielt verschiedene Abkom-

Der Weltenwechsler: Kob Kellotat kam von Schöneberg ins Scheunenviertel.

mandierungen als ADV, was dekodiert Andere dienstliche Verwendung heißt. Einmal war er schon ganz dicht am Osten, da befand sich seine Dienststelle in der Invalidenstraße, aber rüber wollte er nicht. Und als er jenseits der 40 war, durfte er KoBB werden und bekam einen Bereich in Charlottenburg zugewiesen.

Dann fiel die Mauer und der Befehl auf die Polizisten nieder, sich für eine Tätigkeit in Ostberlin bereitzuhalten. Fast jeden zweiten traf es, freiwillig natürlich. Kellotat avancierte zum Sprecher der KoBBs, die nach Mitte mußten, und zum Verteiler der Reviere. Das hieß, er war notgedrungen der Letzte und mußte nehmen, was die anderen übrigließen. Mit geschlossenen Augen tippte er auf die Restposten und landete da, wo er jetzt ist. Besser konnte er es nicht treffen.

Ein derart öffentliches Interesse für sein Revier hat der Kob woanders nie erfahren. So viele Kameraaugen und Reportermikrofone haben sich ihm in zwanzig Dienstjahren im Westen nicht entgegengereckt wie in zwei Jahren im Osten. Sein Name steht in Zeitungen und Büchern, denn er ist Inventar der augenblicklich lebendigsten Ecke von Berlin, er ist selber Typ und paßt in diese Versammlung schräger Vögel und stinknormaler Berliner mit Herz und Schnauze. Eigentlich fühlt er sich in dieser von ihm so gehaßten Unordnung wohler als in seinem geleckten Revier in Charlottenburg, wo man angeblich von der Straße essen konnte, weil er alles im Griff hatte. Aber zugeben wird er das nicht, zumindest nicht öffentlich, denn irgendwo muß noch ein Rest Distanz und Fremdheit bleiben, weil man mit einer Amtsperson sich nicht einfach so verbrüdern kann.

Einmal nur wollte Kellotat den Bettel hinschmeißen und wieder in geordnete Verhältnisse zurückkehren. Das war, als an etlichen Häuserwänden die ultimative Forderung auftauchte, er solle seinen Dienst quittieren. Den Urheber vermutete er in einem Hausbesetzer, dem er die Leviten gelesen und abschließend, wie er das immer macht, seine Visitenkarte überreicht hatte. Der muß das gewesen sein, denn Kellotats Name und sein Gewicht seien korrekt in jener denunziatorischen Parole wiedergegeben worden. Den Sprayer hat er nie wieder gesehen, und bis auf eine Losung in der Ackerstraße sind alle unter einem frischen Anstrich verschwunden.

Kob Kellotat aber ist noch immer da und dreht seine Runden im Revier. Vermutlich liegt es auch an dem Charme, den sein Büro in der dritten Etage des Neubaus an der Brunnen-, Ecke Invalidenstraße verströmt. Wenn er nicht unbedingt was zu schreiben hat, dann schließt er das Büro ab. Das sieht noch aus wie immer, das Mobiliar entspricht der Erstausstattung. Eine blasse Stelle an der Tapete verrät, daß zumindest da etwas abgehängt worden ist, ansonsten scheint alles unverändert. Selbst der in den DDR-Amtsstuben übliche würfelförmige Tresor steht noch in der Ecke. Auch die Knete für die Petschaft klebt noch dran, und das Siegel lautet tatsächlich „MdI der DDR".

Jeglicher Versuch eines Vergleiches wird jedoch von Kellotat dementiert. Die Unterschiede zwischen einem Kontaktbereichsbeamten und einem Abschnittsbevollmächtigten seien derart gravierend, eh, wie Feuer und Wasser eben. Inzwischen ist bekannt, wie sie sich mischen und welche Folgen dadurch entstehen. Aber auf solch abstrakt-ironischer Ebene mag Kellotat nicht verkehren, er ist mehr fürs Praktische, Direkte. Und er hat ja auch nicht unrecht, wenn er erhebliche Unterschiede ausmacht zwischen dem alten und dem neuen Apparat (der allerdings nur für die Ostberliner neu ist). Bei der VP schrieben alle mit der gleichen Tinte, zumindest wurde nie publik, daß es dort eine Farbhierarchie gäbe. Jetzt ist das anders: Die Kobs schreiben blau, die Vorgesetzten lila. So wüßten die Außenstehenden (die aber vermutlich nur innen stehen, denn wer weiß dies schon, wenn er nicht Uniform trägt?), auf welcher Ebene die Feststellung getroffen und die Weisung erteilt worden sei. Den Vorzug einer solchen Praxis vermag wohl nur jener zu begreifen, der ihrer teilhaftig ist.

Inzwischen hat Kellotat ein hiesiges Vorbild gefunden. Der Mensch, dem er seine Bewunderung zollt, trug einen Oberlippenbart wie er (allerdings ohne Spitzen), war im gleichen Range wie er - Polizeioberleutnant -, leitete das Revier 16 am Hackeschen Markt. Er hieß Wilhelm Krützfeld, war 58 Jahre alt, stand seit 1907 im Polizeidienst und machte sich dadurch einen Namen, daß er an einem Novembertag im Jahre 1938 eine Brandstiftung in der Neuen Synagoge verhinderte.

Bis vor wenigen Jahren kannte kaum einer in Deutschland diesen beherzten Bürovorsteher. Kellotats belesener West-Chef machte den Kob auf ein Buch von Heinz Knobloch aufmerksam. Der Ostberliner Feuilletonist hatte aus Fragmenten Wilhelm Krützfelds Biographie und die Geschichte einer mutigen, aber nicht bekanntgewordenen Tat rekonstruiert. Wie dieser korrekte preußische Beamte, ein Polizist mit Mannesmut, sich gegen das Unrechtssystem der Nazis auflehnte und eben nicht kuschte wie Hunderttausende andere.

Knobloch fand bei seinen Recherchen noch anderes heraus und korrigierte einen historischen Irrtum. In sehr vielen Geschichtsbüchern findet sich seit Jahrzehnten ein Bilddokument, das galt gemeinhin als das Symbol des Novemberpogroms - von den Nationalsozialisten wegen der zerschlagenen Fensterscheiben jüdischer Geschäfte hämisch als Reichskristallnacht bezeichnet - und fand darum immer wieder Verwendung: Aus der Kuppel lodern die Flammen, aus den Fenstern steigen Rauchschwaden, die schönste Synagoge Europas - die in der Oranienburger Straße - droht in Schutt und Asche zu versinken. Und der Bildtext verweist auf die fanatisierten, aufgehetzten Menschen, die am 9. November 1938 überall in Deutschland jüdische Geschäfte stürmten und jüdische Gotteshäuser zerstörten und jüdische Mitbürger zu Tode hetzten. Und explizit dann: Auch die Neue Synagoge in Berlin, Stülers Prachtbau aus dem Jahre 1866, wurde ein Raub der Flammen. Sie wurde es - aber erst fünf Jahre später. Und deshalb stammt dieses weltberühmte Foto nicht aus dem Jahre 1938, sondern vielleicht von einem der Bombenangriffe auf die Stadt in den Jahren 1943 und 1944. Oder es wurde sogar erst 1948 gemacht und anschließend retuschiert.

Egal, ob 1938 oder 1943 oder später - die Zerstörung ist eine Tatsache. Und dennoch machte die Korrektur Sinn, weil sie einem seinerzeit seltenen Fall von Zivilcourage die notwendige Anerkennung verschafft. Obgleich die Berliner Polizeidienststellen und Feuerwehren zur Zurückhaltung, also zur Untätigkeit, aufgefordert worden waren, hielt sich mindestens einer nicht daran: Wilhelm Krützfeld, ein aufrechter Mann mit sauberer Gesinnung, bekam Nachricht, daß die faschistischen Sturm-Abteilungen, Hitlers berüchtige Schlägertruppe SA, in der Synagoge Feuer legten. Wissend, daß das Haus bereits von Kaiser Wilhelm I. unter Denkmalschutz gestellt worden war, alarmierte der Reviervorsteher seinen Polizeitrupp und stürmte mit diesem die ganze Oranienburger Straße hinunter zu dem bedrohten Gebäude. Unterm Arm, so berichteten Zeugen, trug er den Aktenordner mit den Denkmalschutz-Vorschriften.

Die braunen Brandstifter in Zivil sind offenkundig vom Erscheinen Krützfelds und seiner Getreuen so geschockt gewesen, daß sie sich widerstandslos verzogen und dem selbstbewußten Mann den Platz überließen. Wenig später traf auch die Feuerwehr ein, die Krützfeld mit Verweis auf Wilhelms Verdikt gerufen hatte, und löschte die Brandnester im Trausaal.

Die entschlossene Aktion blieb im Hitlerstaat nicht ohne Folgen. Bereits am nächsten Tag lag die Beschwerde der SA auf dem Schreibtisch des Polizeipräsidenten, der zugleich auch SA-Obergruppenführer war, was dem Rang eines Generals entsprach. Dieser zitierte den Oberleutnant Krützfeld zu sich und stauchte ihn nach allen Regeln des Obrigkeitsstaates zusammen. Krützfelds Sohn Walter erinnerte sich später: „Ich habe meinen Vater, als er am Nachmittag nach Hause kam, noch nie so grau und weiß im Gesicht gesehen, so innerlich erregt über einen Vorgesetzten. Es war nicht Angst, sondern Wut, auch schämte er sich für einen Polizeipräsidenten, der die gesetzliche Pflicht der Polizei leugnete, für Ruhe, Ordnung und Recht zu sorgen." Hier war königlich-preußische Rechtsauffassung auf skrupellose Nazikarriere-Geilheit geprallt.

Der parteilose Krützfeld verlor im nachfolgenden Jahr sein Revier und wurde wiederholt versetzt. Überall fühlte er sich von Nazis überwacht, die ihm - weil sie in der richtigen Partei waren - vor die Nase gesetzt wurden. Und als die Hitlerclique zu Beginn des Jahres 1942 die von ihnen als Endlösung der Judenfrage bezeichnete Ermordung von elf Millionen europäischen Juden beschloß und einiges von dieser Absicht auf dem Dienstwege durchsickerte, suchte Krützfeld um seine vorzeitige Pensionierung nach. Diesem Ansinnen wurde am 1. November 1943 stattgegeben. Er starb am 31. Oktober 1953. Sein Grab befindet sich in Weißensee auf dem Friedhof der evangelischen Georgen-Parochial-Gemeinde.

Krützfelds rechte Hand hieß Willi Steuck, er leitete im Revier 16 die Meldestelle. Von ihm existiert ein Foto, das wurde auf der Verkehrsinsel mitten auf dem Hackeschen Markt gemacht, auf der er später sterben sollte. Das Kameraauge blickt in Richtung S-Bahn, man sieht die gußeisernen Stützen der Überführung, unter der heute die Prostituierten stehen. Steucks

Tschako wirft Schatten über die Augenpartie, der Betrachter erkennt nur eine kräftige Nase und einen breiten, schmallippigen Mund. Am Koppel baumelt ein Gummiknüppel. Das Alter des Mannes ist schwer zu bestimmen, somit auch der Zeitpunkt der Aufnahme. Steuck war Jahrgang 1896, mithin sechzehn Jahre jünger als Krützfeld, sein Vorgesetzter. Als dieser strafversetzt wurde, blieb Steuck am Platze. Als der Krieg das Revier 16 niederbrannte, zog er mit der Meldestelle über die Straße. Als in Berlin bereits gekämpft wurde, schlug man die Aktenordner im Luftschutzbunker auf, der im Monbijoupark errichtet worden war.

Am 22. April 1945 drängten sich wie schon an den Tagen zuvor 300 Kinder, Verwundete, Frauen und alte Männer unter der Betondecke zusammen. Einer jener uniformierten Fanatiker, die den Endsieg noch zu erringen glaubten, steckte seine Oberleutnantsnase herein und suchte nach Leuten für das letzte Aufgebot, das er den heranstürmenden Russen entgegenwerfen wollte. Steuck und ein weiterer Polizist drängten den Unbelehrbaren jedoch hinaus.

Ein Judas aber muß sich aus dem Bunker gestohlen und der SS Meldung gemacht haben. Von ihrem Stützpunkt in der Großen Hamburger Straße schickten sie umgehend ein paar bewaffnete Häscher. Diese zerrten beide Polizisten aus dem Bunker ans Tageslicht und schleppten sie auf den ersten der insgesamt neun Hakkeschen Höfe, vis-a-vis dem einstigen Revier 16. An diesem Ort hatte sich ein Fliegendes Standgericht etabliert. Diese von Himmler erfundene Mordmaschine wütete im Berliner Kessel und meuchelte Kinder, Männer und Greise, die sich Hitlers letztem Aufgebot, dem Volkssturm, verweigerten oder auf andere Weise Schluß mit dem Krieg gemacht hatten. Nun hatte sie zwei Polizisten in den Klauen, von denen einer Steuck hieß und der andere vermutlich Trischak. Sie wurden standrechtlich erschossen.

Augenzeugen berichteten, die beiden hätten noch am 23. April, mit Kugeln im Bauch, auf der Verkehrsinsel des Hackeschen Marktes nach Wasser geschrien. Doch niemand gab ihnen welches. Ein SA-Mann stand bei den Sterbenden und bewachte sie. In der Eile hatte man noch eine jener üblen Todesanzeigen gepinselt, die die Faschisten den Überlebenden stets zur Abschreckung hinhielten: „So behandeln wir Vaterlandsverräter. Sie haben unsere Frauen und Kinder verraten." Das Vaterland war inzwischen auf wenige Quadratkilometer geschrumpft.

Unweit der Stelle, in der Kleinen Präsidentenstraße 2, wohnte der Kommandeur des Fliegenden Standgerichtes. Er hieß Waskuleit. 1947 kehrte er aus sowjetischer Kriegsgefangenschaft dorthin zurück. Als ihn die Nachbarn erkannten, setzte er sich in den Westen ab. Die Witwe Steuck erstattete 1945 und 1950 Anzeige wegen Mordes. Ohne Resultat.

Keine Tafel im Scheunenviertel erinnert an Steuck, Trischak und Krützfeld. Aber der Kontaktbereichsbeamte Kellotat erinnert sich an Krützfeld und nennt ihn sein Vorbild. Er hatte Charakter und eine beispielhafte Dienstauffassung, Recht und Ordnung gingen bei ihm über alle Ideologie.

Das scheint aber keine demonstrative Erklärung zu sein, mit der der Westberliner bei den geschichtsbewußteren Ostberlinern zu landen hofft. Der Sozialdemokrat Kellotat bringt jene aufgeschlossene Neugier mit, die einer benötigt, wenn er in fremder Umgebung angenommen werden will. Er hat offenkundig eine Gesinnung, die man mit antifaschistisch bezeichnen kann.

Kellotat ist seit 1972 in der SPD. Politisch aktiver wurde er, als die Republikaner 1988 ins Abgeordnetenhaus einzogen. Da spielte sicherlich auch die angekratzte Berufsehre eine gewisse Rolle, denn nicht

Über der Stadt: Manches Haus ist bis zum Dach besetzt.

nur der Landesvorsitzende der Reps trug Polizeiuniform.

Kellotat ist Jahrgang 1945. Als er geboren wurde, starben Steuck und Trischak. Die Weltwirtschaftskrise lag 16 Jahre zurück, und als er zur Schule kam, war die Nachkriegsnot überwunden. Dennoch müssen sich die Erzählungen und Bilder vom Elend der Vergangenheit sehr nachdrücklich ins Bewußtsein eingebrannt haben. Der gelernte Starkstromelektriker tauschte seinen gutbezahlten, aber nicht lebenslang sicheren Job gegen eine Beamtenlaufbahn ein. Unkündbar zu sein und stets mit geregelten Einkünften rechnen zu können, erzeugen ein hohes Maß an Sicherheit und innerer Ruhe. Und diese wiederum verleihen dem Staat Stabilität. Hingegen tragen Kriminelle und Hausbesetzer zu dessen Instabilität bei. Meint Kellotat.

Nein, sagt der Kob, die Kriminalitätsrate im Viertel liegt heute weder über noch unter dem Durchschnitt. Die am häufigsten registrierten Delikte sind Diebstähle aus Autos und Sachbeschädigungen. Einen Mord hat es noch nicht gegeben. Eine Zeitlang häuften sich Wohnungseinbrüche, doch sein Verdacht und die Statistik entwickelten sich in zwei verschiedene Richtungen. Viele Häuser waren unbewohnt, da kamen junge Leute und hebelten die Türen der leerstehenden Wohnungen aus, um nachzuschauen, ob sich die Quartiernahme lohne. Dies aber gilt im juristischen Sinne bereits als versuchter Wohnungseinbruch, obwohl nichts entwendet wurde. Immerhin: Als Kellotat zum Dienst antrat, zählte man im Revier 14 besetzte Häuser. Im Sommer 1992 waren es nur noch vier, was er sich als Erfolg anrechnete. Zwei sind ausgebrannt. Das schreibt Kellotat der Fahrlässigkeit der Besetzer zu.

Der Brand am 26. Mai 1992 in der Oranienburger Straße 52/53, den Nachbargebäuden des Tacheles, brach in Sichtweite der ältesten deutschen Feuerwache aus. Diese war 1859 in der Linienstraße errichtet worden und hatte das Vorbild für die meisten anderen Berliner Feuerwachen abgegeben. Seit 1875 ist sie ständig mit dreißig Mann besetzt gewesen, nun aber schieben in der Einsatzzentrale der Freiwilligen Feuerwehr Mitte nur noch an vier Tagen im Monat einige Leute Wache.

Das eigentliche Elend war die Art, wie man den Flammen zu Leibe rückte. Dies sei verräterisch dilletantisch geschehen, meinten die nicht ganz unparteiischen Betroffenen. Von den fünf erschienenen Feuerwehren habe nur eine gelöscht. Merkwürdig nannten die Hausbesetzer auch den Umstand, daß einige vergitterte Polizeifahrzeuge, genannt: Bullenwannen, im Gefolge waren und Uniformierte mit aufgesetztem Helm die Leute mit dem Kampfruf abgedrängt hätten: „Weg da, das sind nicht eure Häuser!"

Noch tagelang saßen die etwa sechzig Obdachlosen auf dem Trottoir gegenüber und wollten ihre Habseligkeiten aus dem inzwischen zugemauerten Anwesen retten, ehe sie in die vom Roten Kreuz errichteten Zelte hinterm Tacheles zogen. Das war schon ein eigenartiges Bild, wie die etwas unorthodox gewandeten Hausbesetzer - „darunter Künstler aus den USA und Australien" (Selbstdarstellung) - ihre offensichtliche Vertreibung demonstrierten. Sogleich schwirrten auch Gerüchte von Brandstiftung übers Pflaster, man wollte gegen Mitternacht einen schwarzen Opel Kadett vorm Tacheles auf und ab fahren gesehen haben, der dann provozierend in die Einfahrt zum vollbesetzten Café Zapata gerollt sei. „Drei Typen Ende 20 stiegen aus, grölten herum. Eine halbe Stunde später brach im Obergeschoß des Seitenflügels der Oranienburger 53 Feuer aus."

Kellotat glaubte nicht an Brandstiftung und hielt dagegen, daß in diesem Hause jeder jeden kenne. Ein Fremder hätte kaum eine Chance, unbemerkt bis unters Dach zu steigen, geschweige denn gleich drei.

Aber der Verdacht auf heiße Räumung erhielt neue Nahrung durch zwei weitere Brände im Scheunenviertel. Die zeitliche wie die räumliche Nähe der Brandstellen (die längste Distanz betrug 10 Minuten zu Fuß) zeitigte Furcht im Kiez. Die Boulevard-Presse sah bereits eine Brandstiftungswelle über die Stadt rollen, welche von Immobilienmaklern und -besitzern ausgelöst worden sei.

Zwei Tage nach dem peinlichen Auftritt in der Oranienburger wurde die Feuerwehr in der Linienstraße 103 gerufen. Ein seit zwei Jahren leerstehendes Haus brannte restlos aus, die übriggebliebene Außenwand mußte abgestützt und die Straße gesperrt werden. Man machte kokelnde Kinder als Täter dingfest. Seit Jahresfrist war das Haus als Müllkippe mißbraucht worden, in den Räumen stapelten sich alte Möbel und Gerümpel. Aber: Obgleich die Fenster im Erdgeschoß zugemauert waren, stand die Haustür seit Monaten offen. Und: Per 31. Januar 1991 war das Objekt in Privatbesitz übergegangen. Doch gegen den Verdacht der Immobilienspekulation sprachen laut Auskunft des Branddezernats die Lage des Brandherdes, die unprofessionelle Methode und der Zeitpunkt der Brandstiftung.

In der Mulackstraße 20, einem von der Wohnungsbaugesellschaft Mitte verwalteten Privathaus, verhielt es sich ähnlich. Jemand hatte die Wohnung angesteckt, in der bis vor kurzem seine Eltern lebten. Drei Meter daneben standen mehrere Säcke randvoll mit alten Tapeten, die unbeachtet blieben. Wenn also der Brandstifter die Absicht gehabt hätte, die ganze Hütte niederzubrennen, hätte er sich dieses Zunders bedient.

Fast kehrte dann Ruhe an der Brand-Front ein, bis Mitte September 1992 erneut die Flammen loderten. Diesmal rückte die Feuerwehr zur Auguststraße 10 aus. Wie zufällig handelte es sich wieder um ein besetztes Haus. Die Insassen hatten einen gültigen, befristeten Mietvertrag. Dann wollte eine Immobilienfirma das Objekt übernehmen. Und deshalb machte sofort das Gerücht die Runde, die Betreiber des Kulturprojektes KU-LE sollten mit Hilfe des Heiligen St. Florian hinausgegrault werden. Kann sein, kann nicht sein. Vielleicht hatte nur ein Vorübereilender die bunten Theaterpuppen an der Vorderseite des Hauses angesteckt, um sein Unverständnis gegenüber dieser Art von Kunst am Bau zu demonstrieren.

Polizeioberkommissar Kellotat registriert diese Vorgänge mit der ihm eigenen Gelassenheit. Aber letztlich täuscht seine Abgeklärtheit nicht darüber hinweg, daß er ein gespaltenes Verhältnis zu Hausbesetzern hat. Sein Unmut über die illegitime Wohnungsnahme speist sich aus mehreren Quellen. Da ist zunächst die Verletzung seines Rechtsverständnisses: Man kann nicht Jemandes Eigentum wegnehmen - ob das nun ein Haus, eine Wohnung, elektrische Energie oder Gas ist. Zum zweiten stört es den korrekten, pflichtbewußten Preußen, wenn Leute in den Tag hineinleben, nicht arbeiten und keine Steuern zahlen; die vermeintliche Kunst, die von einigen produziert wird, hält er für dilletantischen Schrott - in diesem Punkte dürfte sich seine Einschätzung mit der mancher Kunstkenner durchaus decken. Ferner hält er den Umstand für bedenklich, daß mindestens neun von zehn Hausbesetzern aus dem Westteil der Stadt kamen, die alle Tricks und Finten kennen und damit die Ostberliner in den Ämtern über die Schreibtische gezogen haben. Denn - drittens - dort sitzen überall noch die Alten, meint Kellotat.

„Ich war wiederholt bei der Wohnungsbaugesellschaft und im Bezirksamt. Da sind zwar einige Leiter ausgewechselt worden, doch nach wie vor die alten Seilschaften zugange", sagt Kellotat und fürchtet zugleich, daß sein Verdacht öffentlich würde: „Schließlich muß ich mit den Leuten weiter klarkommen." Man sei dort nicht bereit, leerstehende Wohnungen legal an Mieter zu vergeben und gehe damit bewußt das Risiko ein, daß diese illegal besetzt würden. „Hausbesetzer bekommt man jedoch erst auf dem Klagewege wieder heraus. Das kostet Zeit, Kraft und eben auch Geld." Kellotat will nur eingeschränkt das Gegenargument der WBM und des Bezirksamtes gelten lassen: Man müsse erst die Wohnung sanieren, um sie vergeben zu können. Damit man nicht Gefahr laufe, anschließend vom Mieter Forderungen präsentiert zu bekommen, die nicht realisiert werden könnten, weil die Mittel rar sind.

Kellotat aber weiß, daß viele potentielle Mieter bereit sind, selbst Hand und Geld anzulegen, so man sie ließe. Doch auch das möchte die WBM nicht, weil sie fürchtet, im Falle von Rückübertragungsforderungen Gelder zu verlieren, wenn sie vorher als Vermieter wegen der Privatinvestitionen die Miete nachgelassen hätte. Statt dessen nimmt man die Hausbesetzung in Kauf. Die Quadratur des Kreises scheint leichter herzustellen, als dieses Problem zu lösen, das nicht nur im Scheunenviertel Anfang der neunziger Jahre zu beobachten ist.

Kob Kellotat sieht nur zwei mögliche Gründe für diese merkwürdige Unentschlossenheit der Wohnungsverwalter - entweder Unfähigkeit und Dummheit im Amt, oder vorsätzliches Handeln alter Seilschaften, um das Chaos zu schaffen. Da hat er sich sein Vorurteil gebildet und ist nicht mehr der gründliche Preuße, sondern Ideologe. Obwohl er sonst alles Ideologische haßt.

Chaos im Scheunenviertel - dieses Stichwort gehört in eine andere Zeit. Damals stand noch nicht Bürgernähe im Tugendkodex der Polizei, da verließen sich Kellotats Vorgänger lieber auf Schlagstock und Pistole.
Entsprechend hoch war der Pegel des Volkszorns.

Das gab die Stimmung ab, in der Leute mit terroristischem Denkansatz ihre Neigungen ausleben konnten. Die Berliner Justiz befaßte sich gleich nach der Wende mit einem Fall aus dem Scheunenviertel, in dem zwei solche Gestalten eine Rolle spielten.

Der erste Beteiligte hieß Albrecht Höhler und wurde Ali genannt. Seine Geschichte nimmt ihren Anfang am 14. Januar 1930 im „Bären". Die Kneipe in der Dragonerstraße 48, keine fünf Minuten zu Fuß entfernt von der Zentrale am Bülowplatz, ist der Anlaufpunkt für die Sturmabteilung Mitte. So hieß damals die Kampftruppe der KPD, nachdem ein Jahr zuvor der Rote Frontkämpferbund (RFB) verboten worden war. Der Titel verrät manches vom kommunistischen Geist jener Zeit. In den DDR-Geschichtsbüchern tauchte die Bezeichnung nie auf - die späten Zensoren fürchteten die naheliegende Assoziation zur faschistischen SA.

Die Genossen der Sturmabteilung spielen Billard und trinken ihr Bier wie immer. Sie prosten den Kameraden des Ringvereins Immertreu zu - neben den Ganovenvereinigungen Deutsche Kraft und Hand und Hand die härteste Schutzgeld-Erpressertruppe der Stadt, die den Amüsierbetrieb beherrscht und für rund 10 000 Zuhälter die Stellplätze der Mädchen kontrolliert. Die Männer reden hitzig über den Mord an einem der ihren wenige Stunden zuvor in der Joachimstraße. Ein Schuß hat den Kommunisten niedergestreckt. Der oder die Täter werden sofort im Lager der Nationalsozialisten lokalisiert.

In die hitzige Diskussion platzt Frau Salm aus der Großen Frankfurter Straße 62. Die Witwe eines KPD-Mitgliedes hat einen Untermieter mit Namen Horst Wessel. Den Nazi und sein Flittchen aus dem Scheunenviertel will sie loswerden, er ist ein säumiger Zahler - kein Wunder, bei dem abgebrochnen Jurastudium herrscht Ebbe im Portemonaie. Außerdem, und das macht die Klage an diesem Orte interessant, führt Wessel einen Schlägertrupp der Nazis an. Einen unaufhörlich expandierenden, denn der dreiundzwanzigjährige Pastorensohn aus Bielefeld bedient sich der gleichen Mittel wie die Kommunisten: Er hat einen Schalmeienzug und lockt damit Proleten auf seine Seite.

Die Aufforderung von Frau Salm, bei ihr Ordnung zu schaffen, fällt wie ein Funken ins Pulverfaß und bringt dieses zur Explosion. Die aufgebrachten Genossen haben die Losung ihres Führers Neumann im Hinterkopf, daß man die Faschisten schlagen müsse, wo man sie treffe, und nun ein Ziel vor den Augen mit Namen Horst Wessel. Dem müsse eine proletarische Abreibung zuteil werden, ruft Albrecht Höhler aus der Mulackstraße, den alle nur Ali nennen.

So brechen denn drei Männer entschlossen - im juristischen Sinne: mit Vorsatz - in die Große Frankfurter auf und schießen den Komponisten der Nazihymne „Die Fahne hoch..." nieder. Wessel liegt neun Tage mit seiner lebensgefährlichen Verletzung im Krankenhaus Friedrichshain im Koma und stirbt am 23. Februar 1930. Sein Leichenzug gerät zur Straßenschlacht, selbst über die Friedhofsmauer regnet es Steine. Kommunisten liefern damit überzeugende Argumente, daß hier ein bedeutender Mann der Nazibewegung zu Grabe getragen worden sein mußte.

Und trotzdem wäre der Mordfall einer der vielen vergessenen in jener Zeit geblieben, wäre nicht Josef Goebbels, der Oberdemagoge und Chefideologe der Nazis, auf den Plan getreten, um aus diesem Stoff die Legende eines Märtyrers zu weben, den die Bewegung justament benötigt. Goebbels gewinnt spielend seinen Wettstreit mit dem KPD-Zentralorgan, der Roten Fahne, ob der Täter oder das Opfer der größere Schurke gewesen sei. Ali Höhler aus der Mulackstraße ist wegen Diebstahl, Zuhälterei und Meineid vorbestraft, und auch diesmal hat er die schlechteren Karten. KPD und Rote Fahne lassen den des Mordes Angeklagten fallen, denunzieren ihn als Zuhälter und Polizeispitzel und geben ihn damit zum Abschuß frei.

Doch Ali Höhler, Mitglied des Ringvereins Immertreu, wird vor Gericht nicht müde zu versichern, daß er überzeugter Kommunist sei und in Treue fest zur Partei stünde, was gewiß ehrlich gemeint ist. Aber was zählt schon die Ehre eines Mörders? Er bekommt sechs Jahre.

Als SA-Leute im Frühjahr 1933 auf einem Gefangenentransport Höhler erschlagen, kräht kein Hahn nach ihm. Millionen Deutsche brüllen das Horst-Wessel-Lied, das zur zweiten Nationalhymne hochstilisiert wird. Und wenig später kriegt der Märtyrer aus Bielefeld im Berliner Friedrichshain ein Standbild, wird das halbe Scheunenviertel nach ihm benannt: das Karl-Liebknecht-Haus, in welchem die KPD-Führung bis zu ihrem Verbot arbeitete, die Weydinger Straße, die an ihm vorbeiführt, die Volksbühne sowie der Bülow-Platz, auf dem sich das Theater erhebt. Wessel, Wessel, über alles. Wie Hunde ihre Duftmarken setzen die Nazis in dem von ihnen zum Feindesland deklarierten Areal ihre Zeichen.

Die Geschichtsschreibung der DDR blendete den Vorgang nahezu aus, und dort, wo er kurz Erwähnung findet, nehmen die Autoren die Diktion der Roten Fahne wieder auf. Albrecht Höhler, dessen Name nicht erwähnt wird, nennt man irgendeinen Ganoven und die Tat einen persönlichen Racheakt. Wessel hingegen wird zu einem „der rabiatesten Sturmführer des SA-Sturms Friedrichshain" erklärt, der „in der ganzen Gegend als Zuhälter bekannt" gewesen ist. Die NSDAP habe daraus einen politischen Mord konstruiert und Kapital daraus geschlagen, denn „auf den bloßen Verdacht hin", daß der Mörder aus kommunistischen Kreisen komme, „verhaftete die Polizei 76

Funktionäre der KPD und ließ das KL-Haus durchsuchen".

Wilhelmine Auguste Allertz, die bis in die Fünfziger hinein im Scheunenviertel tätig war, erzählte die Geschichte ganz anders. Auch sie wird stimmen, denn die große Geschichte ist im Kern meist banal. Weder das von den Nazis unterstellte politische Tatmotiv noch dessen völlige Entpolitisierung durch die Kommunisten traf, so absolut formuliert, die Wahrheit. Es war immer nur eine ideologisch gefärbte Interpretation.

Fräulein Allertzt kommt Mitte der zwanziger Jahre aus dem Ruhrpott nach Berlin. In der Reichshauptstadt wird aus der Einundzwanzigjährigen bald Mimmi, die ihren Lebensunterhalt mit Einkünften aus dem Horizontalgewerbe bestreitet. Ihre Absteige befindet sich in der Dragonerstraße 5, und dort arbeitet sie bis in die fünfziger Jahre. Mit ihrem letzten und besten Kunden, Ewald Hoffmeister, zieht sie dann fluchtartig in den Westteil der Stadt, nachdem das Ministerium für Staatssicherheit ihn ersucht hatte, seine exponierte Stellung bei der Post zur Beschaffung bestimmter Informationen zu nutzen. Dem Ministerium stand zu jener Zeit ein Erich Mielke vor, von dem weiter unten in einem anderen Kontext noch zu reden sein wird.

Als Mimmi in die Jahre kommt, wird sie eine nette alte Dame mit guter Witwenrente und verdrängter Vergangenheit; über ihr mehr als drei Jahrzehnte währendes Prostituiertendasein im Scheunenviertel schweigt sie weise lächelnd oder erzählt nur Episoden. In einer spielt eben jener Horst Wessel eine Rolle: Ihre Freundin und Kollegin hatte einen Luden, der hieß Ali Höhler. Die Freundin beging einen elementaren Fehler, der in diesen Kreisen gemeinhin als geschäftsschädigend gilt - sie verliebte sich in einen ihrer Kunden. Der wiederum hieß Horst Wessel. Zwischen dem Arbeitgeber Höhler und dem Arbeitnehmer Wessel kam es nun wegen arbeitsrechtlicher Komplikationen zu einer handgreiflichen Auseinandersetzung, in deren Folge Wessel blutend auf der Strecke blieb. Ja, und zufällig sei der eine bei den Braunen und der andere bei den Roten gewesen ...

Opfer ideologischer Vorurteile und eigener Propaganda wurde auch der bereits erwähnte DDR-Minister, von dem vielleicht nur jener Satz bleiben wird, welchen er bei seinem letzten Auftritt in der Volkskammer sprach: „Ich liebe Euch doch alle!" Es gab aber mindestens zwei Menschen in seinem Leben, die er von dieser Liebe ausnahm. Daß Mielke zwei Polizisten erschossen haben soll, stand weder in den DDR-Blättern noch -Büchern, und so erfuhren es die Leute erst 1990, als der Staatsanwalt kam und den zweiundachtzigjährigen Armeegeneral und Ex-Minister in Untersuchungshaft steckte.

Das Gericht warf Mielke vor, am Abend des 9. August 1931 in seiner Eigenschaft als Bereitschaftsführer des Parteiselbstschutzes der KPD Paul Anlauf („Schweinebacke") und Franz Lenk („Totenkopf") erschossen zu haben. Die Schüsse wurden gezielt und hinterrücks abgegeben, die Tschakos der beiden Polizeihauptleute schlugen vorm Kino Babylon aufs Pflaster. Die Mordkommission ermittelte seinerzeit und konzentrierte sich zunehmend auf zwei der Tat dringend Verdächtigte. Der eine war nicht mehr greifbar, weil er sich rechtzeitig mit sowjetischen Papieren nach Moskau abgesetzt hatte. Dort soll der nachmalige Minister für Staatssicherheit der DDR sich zu dem proletarischen Racheakt auf dem Bülow-Platz bekannt haben. Ein Belastungszeuge gab das im Verfahren 1992 zu Protokoll. Bewiesen ist es damit nicht.

Es gibt auch einen Ohrenzeugen: Jürgen Kuczynski. Im Sommer 1992 erzählte der neunundachtzigjährige Wissenschaftler, daß er an jenem Nachmittag in der Roten Fahne gearbeitet habe, die sich im Erdgeschoß des Karl-Liebknecht-Hauses befand. Nach den Schüssen, die sie aufgeschreckt hätten, habe die Polizei das Haus umstellt und ihrerseits das Feuer eröffnet. „Während Alexander Abusch, später einer der führenden Kulturpolitiker der SED, und ich an der Druckmaschine standen, wurden wir beschossen", erinnerte sich Kuczynski. Das führte dazu, daß das Flugblatt, was sie zu drucken beabsichtigten, nicht herausgegeben werden konnte. Das einzige Exemplar trug J. K. später unter seinem Hemd nach Hause. „Und das ist dann von den Nazis beschlagnahmt worden." Wer auf Schweinebacke und Totenkopf gefeuert habe, könne er nicht sagen, da habe er „keine Ahnung", das sei auch nie in der Partei erörtert worden.

Das klingt, zugegeben, alles ein wenig merkwürdig. Aber es könnte so gewesen sein, daß auf den flüchtenden Mielke geschossen wurde und ein oder zwei Kugeln die Fenster der Druckerei durchschlugen. Das und die spätere Umstellung und Durchsuchung des Hauses durch die Polizei fallen nun, nach sechs Jahrzehnten, in Kuczynskis Erinnerung zeitlich zusammen.

Der neun Jahre jüngere Klempner und Rohrleger Arnold Munter, der boxende Jude, war seinerzeit sogar Augenzeuge des Vorfalls. Am 8. August 1931 reparierte der Neunzehnjährige in der Zionskirchstraße 11 einen Rohrbruch bei einer Frau Anlauf. Im Gespräch erfuhr er, daß sie die Mutter des Polizeihauptmanns gleichen Namens sei, den Munter nur unter dessen Spitznamen Schweinebacke kannte. Der Zufall wollte es, daß er ihn, Polizeihauptmann Lenk und einen dritten, ihm unbekannten Polizisten an nächsten Tage vorm Kino Babylon traf. Er und sein Bruder wollten sich einen Film anschauen, und wie sie dem Lichtspieltheater zustrebten, wurden sie von einigen Männer überholt, die plötzlich auf die drei Uniformierten schossen. Arnold Munter sah Anlauf fallen, dann flüchtete er mit seinem Bruder vom Bülow-Platz. „Wer da geschossen hat, konnte ich nicht sehen und habe es nie erfahren." Das gab Munter 1992 im Verfahren gegen den mutmaßlichen Schützen Mielke als Zeuge zu Protokoll.

Vermutlich wird sich nie klären lassen, ob Mielke damals den Finger krumm machte und zum Mörder wurde. Und wenn - was beweist das? In der Weltwirtschaftskrise explodierte der Haß in Deutschland und seiner Hauptstadt. Rollkommandos von SA und KPD droschen bei Straßen- und Saalschlachten aufeinander ein, Proleten mit roter und brauner Gesinnung hetzten und jagten sich aus Überzeugung oder Verführung, täglich starben welche von ihnen - mal ein Nazi, mal ein Kommunist, mal ein Staatsdiener, mal einer, der die Republik von Weimar ablehnte. Hunderte kamen auf diese Weise ums Leben, ihre Namen überdauerten den Tag nicht, an welchem die Zeitungen die Nachricht druckten. Lediglich das Opfer Wessel, der auch Täter war, und der Täter Mielke, der gleichfalls Opfer war, wurden post mortem prominent, weil die jeweils Herrschenden sie brauchten: um zu bezeugen, wie kriminell der von ihnen bekämpfte politische Gegner angeblich war.

Kob Kellotat hat mit derlei Interpretationen nichts im Sinn. Recht und Gesetz bilden die Koordinaten seines geordneten Lebens und politische Polarisierungen sind ihm ein Greuel. Selbst in der eigenen Partei sieht er „die Linken" lieber von hinten als in einer Funktion, weil sie ihm zu wenig berechenbar scheinen. Er überträgt seine bisherigen Erfahrungen auf die Verhältnisse im Scheunenviertel und wundert sich, daß manches nicht funktioniert. Er bringt allerdings die erforderliche Offenheit und Aufgeschlossenheit mit, die einer braucht, wenn er den Dingen auf den Grund gehen möchte.

Kob Kellotat kriegt die Kurve. In dieser Hinsicht unterscheidet er sich von seinem Kollegen Ernst Engelbrecht, der in den zwanziger Jahren als Kriminalkommissar die Streif- und Fahndungsmannschaft des Berliner Polizeipräsidiums leitete. Dessen Urteil stand vorher fest und wurde auch nicht mehr korrigiert.

Engelbrechts Name wäre längst vergessen, stünden nicht in alten Bibliotheken drei von ihm verfertigte Bücher, in denen der preußische Staatsdiener aus dem Nähkästchen plauderte. Seine literarischen Ausflüge kosteten ihm zwar das Amt, und Ruhm errang er auch mit der Feder nicht, aber als Chronist hielt er zumindest ein Panoptikum für die Nachwelt fest, deren Teil Engelbrecht selber war. Im Unterschied zu Kellotat urteilte er mit beispielloser Arroganz über jene Menschen, mit denen er es berufsmäßig zu tun bekam. Die Welt war geschieden in Gut und Böse, in Gerechte und in Ungerechte. Und die einen mußten zwangsweise über die anderen herrschen, damit alles so blieb, wie es war.

„Unter Scheunenviertel", so beginnt Engelbrecht seinen Exkurs über die Berliner Unterwelt, „versteht man die Straßen und Gassen, die sich zwischen Alexanderplatz und dem Rosenthaler Platz, von der Lothringer Straße bis zur Stadtbahn, um die Münz- bzw. Weinmeisterstraße herum gruppieren. Hier wohnten im alten Berlin die armen Leute, und hier befanden sich schon früher die Quartiere der Armut und die Schlupfwinkel der Verworfenheit. Hier wohnten damals Holzhauer, Torfträger und die ‚Unratweiber', deren wichtige Tätigkeit mit der Einführung der Kanalisation ein Ende gefunden hat. Dazu natürlich Dirnen und alles mögliche andere Gesindel, das sich hier schreiend herumzankte und -prügelte. Im Jahre 1846 wies Berlin nach einer statistischen Aufstellung ja schon 2000 Verbrecher, ebensoviel Obdachlose sowie etwa 8000 Bettler und andere fragwürdige Existenzen auf, und im

Laufe dieser Zeit wurden die engen Gassen und die schmuddeligen Häuser des Scheunenviertels immer mehr zum Schlupfwinkel des Verbrechertums."

Kriminalkommissar Engelbrecht jagte die Verbrecher unerbittlich. Zur gleichen Zeit, als der Arzt Alfred Döblin sein „Berlin Alexanderplatz" schrieb, notierte Engelbrecht: „Mir wurde vertraulich mitgeteilt, daß im ‚Dalles', der damals berüchtigtsten Verbrecherbörse Berlins, zwischen einigen Verbrechern ein Gespräch belauscht worden sei, das sich um die Ermordung und Beraubung eines in der Linienstraße wohnenden Trödlers drehte. Die Angaben waren derart präzis, daß die Kriminalpolizei sie für zutreffend halten mußte. Vier der ‚Dalles'-Stammgäste hatten sich verabredet, in der folgenden Nacht in einen Linienstraße 87 gelegenen Trödlerkeller einzudringen, um den dort wohnenden jungen Trödler zur Herausgabe seines Geldes zu zwingen und ihn dann zu ermorden. Mein Gewährsmann hatte von einer der zahlreichen im ‚Dalles' verkehrenden Dirnen noch erfahren können, daß sie und eine ihrer Freundinnen zur Begleitung und Beteiligung an dem Mordüberfall aufgefordert worden waren. Aber diese Angaben genügten selbstverständlich nicht, die Verbrecher endgültig zu überführen, es war deshalb unbedingt erforderlich, sie auf frischer Tat zu ertappen." Gesagt, getan. Engelbrecht zog die Fäden und wollte den Trödler als Lockvogel einsetzen. Doch der weigerte sich aus naheliegenden Gründen. Der Galizier, wie der Kriminalkommissar abschätzig den jungen Juden titulierte, bangte um sein Leben, doch das interessierte nicht.

„Wir fünf - ich, Heinrich Wild und drei Beamte - versteckten uns in dem Keller des Trödlers und warteten ab, was uns die frühen Morgenstunden bringen sollten. Es wurde ein Uhr, zwei Uhr, und es schlug drei Uhr, aber nichts ließ sich vernehmen. Plötzlich hörten wir, wie über uns im Hausflur die Haustür geöffnet wurde, mehrere Personen eintraten und die Tür wieder hinter sich schlossen. Schon wenige Minuten später vernahmen wir an der hinteren Tür des Kellers, hinter der wir zum gebührenden Empfang der Mordbuben bereitstanden, leise flüsternde Stimmen. Ein Tandel wurde von draußen in das Schloß gesteckt, das aber den hartnäckigsten Versuchen gewaltsamer Öffnung standhielt."

Wenig später unternahmen die Einbrecher einen erfolgreicheren Versuch am vorderen Eingang des Kellers. Und nun wurde es heiß.

„,Hände hoch, Kriminalpolizei!' schmettern wir den Räubern entgegen. Ihre Antwort sind einige Schüsse, die von unserer Seite selbstverständlich sofort erwidert werden. Drüben ein Aufschrei, neben mir sinkt einer meiner Beamten zu Boden, dann drüben noch ein Schrei, das Feuer verstummt, und ‚Halt, wir wollen uns ergeben', bitten die Räuber. Aber als wir uns anschikken, hervorzutreten, setzt von drüben wieder ein starkes Feuer ein, das uns nun zur rücksichtslosen Abwehr zwingt. Dann brechen wir zum Angriff hervor, um die Räuber zu überwältigen. Einer der Verbrecher liegt erschossen im Kellergang, die übrigen hatten aber trotz unseres Sperrfeuers, mit dem wir ihnen den Rückzug abzuschneiden suchten, die Möglichkeit gehabt zu entfliehen. Ihnen nach! Wenige Häuser entfernt finden wir einen schwerverletzten Räuber und neben ihm einen dritten, der sich mit der Pistole nochmals zur Wehr zu setzen versucht. Mein Faustschlag macht ihn aber rasch und endgültig kampfunfähig." Jawoll! Und nachdem der Abtransport des schwerverwundeten „Kameraden Musehe" erfolgt ist, nimmt Engelbrecht die Verfolgung der anderen nicht etwa auf, sondern „in Angriff".

Abschließender Kommentar des Kommissars zu dem von ihm beschriebenen blutigen Kellergemetzel: „Die Bearbeitung solcher Kapitalsachen bot eine gern gesehene Abwechslung in dem sonst ziemlich gleichmäßigen Außendienst."

Abwechslungen dieser Art kennt Kob Kellotat nicht. Er zieht mit dem Notizbuch täglich seine Runden im Viertel, parliert mit den Leuten, fragt per Funk in der Zentrale nach dieser und nach jener Sache, klemmt Parksündern olivgrüne Zettel unter den Scheibenwischer oder klebt rote Punkte an Windschutzscheiben und unzulässig abgestellte Frittenbuden. Und an der Hüfte schlenkert die Pistole.

Tante Emma stirbt in Raten

*Wie Eva M. mit ihrem Seifenladen
in die Marktwirtschaft stürzt*

Eva M. ist eine resolute Berliner Geschäftsfrau, wie sie einst zu Tausenden hinter den Ladentischen standen: immer direkt, männlich hemdsärmlig und mütterlich zugleich. Diese Spezies ist im Aussterben. Ein solcher Typus wächst nur in Jahrzehnten, und er braucht bestimmte Bedingungen. Die gibt es heute nicht mehr.

Als sie, damals zweiundzwanzigjährig, das Gebäude 1946 zum ersten Male sah, machte es einen verwahrlosten Eindruck, obwohl es den Krieg ohne größere Blessuren überstanden hatte. Weder war es von einer Bombe getroffen, noch von der Artillerie der stürmenden Sowjetsoldaten zernarbt worden. Und dabei waren es bis zum Reichstag keine tausend Meter. Vielleicht ging den Verteidigern auf diesen letzten Metern die Luft aus und ein Licht an, daß dieser idiotische Krieg nicht mehr zu gewinnen war.

Mag sein, daß darum die Artilleriestraße und speziell dieses Eckhaus zur Oranienburger mit ein paar Schrammen davonkamen. Bis auf eine zerstörte Wohnung und die leerstehenden Geschäfte im Erdgeschoß war alles vergeben, und das war auch der Grund, weshalb die junge Frau beim Hauseigentümer Sch. vorstellig wurde: Sie wollte einen Laden mieten.

In den Kriegsjahren hatte Eva M. bei ihrer Tante Verkäuferin gelernt. Diese betrieb im Sommer am Rande Berlins ein Gartenlokal und winters ein Geschäft mit Geflügel. Die Aussicht auf Gänseklein, das gelegentlich für die Eltern und die fünf Geschwister in der Lothringer Straße abfallen würde, hatte Eva M. wesentlich für diese Berufswahl motiviert - die fünf

Die Beharrliche: Eva M. verteidigt ihren 1947 gegründeten Seifenladen.

Reichsmark Monatsgehalt werden es wohl kaum gewesen sein.

Die Berufsplanung wie auch andere Perspektiven verloren sich jedoch, als Eva M. 1942 mit Bruder und Schwester zunächst im Jüdischen Altersheim in der Großen Hamburger Straße arretiert und dann für drei Jahre in Theresienstadt inhaftiert wurde. Nach ihrer Rückkehr, als wieder so etwas wie Normalität in Berlin einzukehren begann, erklärten ihre beiden Brüder: So, Eva, du wirst doch nicht mehr für fremde Leute arbeiten - mach deinen eigenen Laden auf! Es steht zu vermuten: Mit dieser ebenso lakonischen wie ultimativen Aufforderung sollten wohl auch die seelischen Wunden verbunden werden. Eva M. begab sich mit beiden auf die Suche nach etwas Geeignetem und fand schließlich jenes Anwesen in der Artilleriestraße.

Fast zwei Jahre lang waren die Brüder Helmut und

Arnold damit beschäftigt, den winzigen 25-Quadratmeter-Laden herzurichten. Wasserrohre, Kabel, Bretter etc. holten sie sich aus Ruinen. Nein, man hat nicht geklaut, es wurde alles „organisiert", wie seinerzeit die illegale Beschaffung von Arbeitsmaterial gemeinhin bezeichnet wurde. Persönlicher Enthusiasmus und allgemeiner Aufbauwille gingen ineinander über. Man zauberte aus dem Nichts schließlich auch Waren hervor: lose Schmierseife und loses Seifenpulver, Murmeln, Zentrifugen ... „Wir handelten mit allem und nischt." Auch das NISCHT wurde auf wundersame Weise heranorganisiert und vor den Futterstoff, der die Auslage vom Verkaufsraum trennte, sichtbar hingestellt.

Die erste Tageskasse bestand nur aus 10 Pfennigen - die gab ein kleiner Junge aus dem Hause für Murmeln aus. Diese wiederum hatte die Ladenbesitzerin vom Großhändler Schmidt erworben, der den Eckladen betrieb. Zur Nachbarschaft gehörten die Gaststätte Loleit, ein Tabakgeschäft und ein Frisiersalon. Schmidt sollte später noch Lotto- und Toto-Scheine sowie Zeitungen verkaufen, doch dann starb er an Lungenkrebs. Seine Witwe verlor bald die Lust am Laden und veräußerte ihn. Der Friseur zog hinüber in die Oranienburger und eröffnete den Salon Charlott; doch es kamen immer wieder Nachmieter, die die leergewordenen Läden besetzten, weil es erschwinglich war. 70 Mark Miete zahlte Eva M., die inzwischen geheiratet hatte. Steter Wechsel und Beharrungsvermögen wohnten unter diesem Dach.

So ist es bis heute. Das nicht gerade spartanisch ausgestattete und keineswegs winzige Haus, so munkelt man, soll früher einem reichen Juden gehört haben. Der spätere Besitzer habe es für einen Appel und ein Ei bekommen. Genaues weiß keiner. Abwegig ist das Gerücht keineswegs, es ist bekannt, auf welche Weise jüdische Mitbürger in Deutschland um ihr Hab und

Gut gebracht worden sind. Und im Scheunenviertel, zumindest in dessen besserem Teil, betraf es nicht wenige, denen zunächst ihr Besitz und später auch das Leben genommen wurde. Dieses Thema erörterte im Hause keiner. Und Eva M. äußerte sich auch kaum, obgleich sie einiges dazu hätte beisteuern können.

Hinsichtlich ihrer Familiengeschichte hält sich Eva M. ziemlich bedeckt. Sie hat als Halbwüchsige erleben müssen, wie sich nette Nachbarn in kulturlose Barbaren verwandelten. Sie hat Schaufensterscheiben klirren hören und Menschen auf Transport gehen sehen, sie ist selbst Opfer des Naziterrors geworden. Die Nazis aber, sagt sie, waren keine abstrakten Monster, sondern vorher und nachher brave, biedere Bürger. Wer garantiert denn, daß diese sich nicht wieder verwandeln und die Geschichte wiederholen? Was sollte verhindern, daß nicht eines Tages jemand einen Davidstern an ihre Schaufensterscheibe pinselt, bevor er diese eintritt? Deshalb soll auch heute keiner im Kiez ihre Herkunft kennen. Damit sie und ihr kleiner Laden im Falle eines neuerlichen Pogroms nicht zur Zielscheibe des Mobs würde. Alles ist im Fluß, manches ist schon wieder vorstellbar.

Zu den harmlosen Erfahrungen von Eva M. zählen die mit dem Strich. Ihre ersten beruflichen Kontakte mit dem Horizontalgewerbe machte sie gleich nach der Ladeneröffnung. Zuhälter besetzten die beiden Hocker und den runden Tisch, die im Geschäftsraum standen. Eines Tages platzte der Mutter der Kragen. Sie seien gesund und kräftig, dick und vollgefressen, und sollten besser arbeiten gehen, statt auf Kosten ihrer Mädchen zu leben! Die Typen zogen sich vorsichtshalber in ihre Lokale an der Oranienburger zurück und spielten weiter Karten.

Zu jener Zeit nahm Eva M. Kondome in ihr Sortiment auf. Der Vertreter, ein älterer Herr mit Namen König, sei nach der ersten Lieferung mit seiner Frau gekommen. Er habe sich über den Ladentisch gelehnt und geheimnisvoll mitgeteilt: Tja, Evchen, nun verkaufst du DAS. Also mußt du auch wissen, wie DAS funktioniert, weil du damit rechnen mußt, daß dich jemand danach fragt. Und während die beiden Frauen ihren Schwatz am runden Tischchen machten, erklärte der Vertreter der Verkäuferin die Handhabung der Gummis.

Da sie beim Verkauf derselben bald spürte, wie schwer sich mitunter mancher Kunde mit einer Bestellung tat, ließ sie DIE DINGER vorn auf dem Ladentisch liegen. So genügte ein Fingerzeig. Einige Männer stellten sich absichtlich blöd und ließen sich von der jungen Verkäuferin über die Verwendung aufklären in der vorfreudigen Erwartung, „die Kleene" werde rot bis unter die Haarwurzeln. Doch die Kleine enttäuschte sie.

Einen Betriebsunfall gab es dennoch. Eine Ehefrau, wohnhaft um die Ecke in der Johannisstraße, kam eines Tages erregt in den Laden und erklärte die Eigentümerin als schuldig an ihrem Zustand, den man gemeinhin als gesegnet bezeichnet. Der käuflich erworbene Präser sei während des Liebesaktes geplatzt und damit seiner Schutzfunktion verlustig gegangen, also wäre es nur recht und billig, die Verkäuferin des schadhaften Objektes in Mithaftung zu nehmen.

Statt Schuldgefühle zu entwickeln, erkundigte sich Eva M., wie denn der Gatte DAS DING aufgezogen habe.

Richtig fest und straff, lautete die verwunderte Antwort.

„Na, det ist doch dann keen Wunda, wenn det Ding ausm Leim jeht, wa. Hätten Se ma vorher jefracht, nu kann ich Sie och nich mehr helfen."

Der Betriebsunfall ist inzwischen Ende Dreißig und hat eine Familie.

Der heutige Straßenstrich macht sich am Umsatz

kaum bemerkbar. Beginnt die Schicht, hat Evchens Geschäft bereits geschlossen. Das deutsche Ladenschlußgesetz berücksichtigt nicht, daß die Stoßzeit mancher Profession erst nach der Tagesschau anbricht. Früher war das ein wenig anders. Da partizipierte Eva M. an der Lust. Wenn sich die Freier ihre Packung holten („Drei Stück zu 'ner Mark."), gab es „unter Garantie" 2 oder 3 Mark Trinkgeld. Auch die Mädchen rundeten nach oben auf, wenn sie ihre Kosmetik holten. Damit war Schluß, als die Prostitution offiziell verboten wurde in den frühen Fünfzigern. Später lief alles mehr oder minder illegal in irgendwelchen Hinterzimmern und an Evas Laden vorbei, und jetzt lohnt es sich nicht, das Standardprogramm aufzustocken. Das Zeug bliebe im Regal liegen. Mädchen und Männer bringen ihre Lustutensilien von zu Hause mit, da wäre selbst ein Automat an der Außenfront überflüssig

Das Gros der Kunden kam einst aus dem Kiez. Und aus den umliegenden Betrieben: Post, Fernmeldeamt, Frauenklinik, Unfallklinik, Poliklinik, HNO-Klinik. Dann noch die Rentner, die sich am Schalter in der gegenüberliegenden Post ihre Pension auszahlen ließen und auf dem Rückweg etwas Luxus einkauften, den man sich sonst versagte: ein Parfüm, bessere Rasierklingen... Dazu gab es noch gratis ein paar nette Sätze, denn Evchen verkaufte nicht nur Waren, sondern spendete Lebensmut. Deshalb war sie im ganzen Viertel bekannt wie ein bunter Hund. Auch dafür, daß bei ihr sogenannte Bückwaren zu haben waren, die es im Konsum oder bei der HO nicht gab. Eva M. verfügte nämlich über gute Beziehungen zu Großhändlern und pflegte diese, was sich im Angebot sichtbar niederschlug.

Als 1972 die Mehrheit der noch übriggebliebenen Privatfirmen und -geschäfte in der DDR mehr oder minder zwangsweise aufgekauft oder deren Betreiber als Kommissionäre an die staatliche Kette gelegt wurden, schauten wiederholt Kollegen von Konsum und HO zu Studienzwecken in den Laden, um in Erfahrung zu bringen, worin das besondere Geheimnis der Warenbezüge lag. Wieso machte diese Frau einen jährlichen Umsatz von etwa einer halben Million Mark? Wohl sahen sie die Leidenschaft der Geschäftsinhaberin, doch wozu ihr nacheifern? Das machte sich doch nicht bezahlt, das Angestelltengehalt blieb gleich niedrig. Für Eva M. hatte der Erfolg sogar nachteilige Konsequenzen. Die ihr zunächst zugebilligten 13 Prozent Provision wurden bald auf 11, später 10, zuletzt gar auf 9 Prozent reduziert. Zum Schluß habe sie nur noch für die HO gearbeitet, meint sie. Doch man konnte davon leben. Nicht üppig, aber ordentlich, da die Miete seit den fünfziger Jahren stabil bei 109,50 Mark der DDR lag.

Und dann kam am 1. Juli 1990 die Wirtschafts-, Währungs- und Sozialunion und die Entlassung in die freie Marktwirtschaft.

Der Tagesumsatz, der jahrelang zwischen 1500 und 2000 Mark pendelte, stürzte über Nacht ab. Viele Kunden blieben aus, weil sie in den Westteil der Stadt und in die vermeintlich billigeren Supermärkte eilten. Und da die Betriebe ringsumher drastisch Personal reduzierten oder ganz dichtmachten, laufen weniger Menschen durch die Straße. Die Alten bekommen ihre Rente aufs Konto überwiesen und müssen nicht mehr zur Post. So kam eins zum anderen. Schon im August 1990 erhöhte der Besitzer Sch. die Miete auf rund 700 DM, und im Oktober ließ er durch seinen Rechtsanwalt die Kündigung zum 30. Juni 1991 mitteilen. Gründe waren keine angeführt, dafür die Forderung, den Laden so zu verlassen, wie man ihn vorgefunden habe. Das konnte er wohl nicht im Ernst gemeint haben: Da hätte man alle Rohre und Kabel herausreißen und die Tapete von der Wand fetzen müssen.

Eva M. erhob Einspruch. Dem wurde stattgegeben und der Rauswurf ausgesetzt. Doch wenig später verkaufte der Eigentümer das Haus an eine westdeutsch-holländische Hotelgesellschaft, die umgehend signalisierte, daß sie das Wohngebäude in ein Büro- und Geschäftshaus umzufunktionieren gedenke. Die ganze Front zur Tucholskystraße sei als Apotheke vorgesehen für die Ehefrau des Urologen, der im Haus eine Praxis eröffnen werde. Da störe ihre kleine Klitsche nur.

Die Kündigung wurde zum 30. Mai 1992 ausgesprochen. Doch Eva M. erklärte trotzig, sie zöge nur unter der Voraussetzung aus, daß man ihr ein annehmbares Ausweichquartier böte. Und die in Aussicht gestellte Abstandssumme von lächerlichen 10 000 DM erhöhe - den im Laufe von 44 Geschäftsjahren vorgenommenen Investitionen angemessen.

Der zugleich als Makler tätige Hausverwalter spielte falsch. Neue Läden, die er anbot, waren entweder bereits vermietet, oder sie lagen weitab wie in Weißensee in der Rennbahnstraße. Überdies gedachte er bei dem Zwangsgeschäft 15 Prozent Provision einzustreichen. Als Eva M. grundsätzlich ablehnte, bekam sie eine Drohung ins Gesicht geschleudert, die so mancher kleiner Gewerbetreibende im Scheunenviertel gegenwärtig zu hören bekommt: Sie mache ich fertig!

Die letzte Mietforderung lag bei rund zweieinhalbtausend Mark. Das konnte Eva M. nicht zahlen. Sie schloß sich darum mit anderen Ladenbesitzern und Gewerbetreibenden in einer Betroffenenvertretung der Spandauer Vorstadt zusammen. Auf dem Verkaufstisch legte sie - wie andere auch - eine Liste aus, wo die Kunden mit ihrer Unterschrift den Protest unterstützten.

„Wir, Bürger der Spandauer Vorstadt, haben in den vergangenen Jahren mit unseren unterschiedlichen kleinen Läden und Gewerben ein freundliches Zusammenleben gehabt und wußten die persönliche Atmosphäre dort im Unterschied zur Anonymität großer Kaufhallen oder Supermärkte zu schätzen. Viele Probleme und Schwierigkeiten kamen mit den Waren des täglichen Bedarfs auf den Tisch und in die Tüte oder an die richtige Adresse.

Mit großer Sorge hören wir jetzt von den Problemen der kleinen Gewerbetreibenden, ihre Läden und ihr Gewerbe weiterbetreiben zu können. Anstatt daß die Versorgung durch die Eröffnung weiterer Läden besser wird, erleben wir ständig Schließungen. Die Gewerbetreibenden stehen durch ungeklärte Eigentumsverhältnisse, kurzfristige Mietverträge und unzumutbar hohe Gewerbemieten (gemessen an ihrem Gewinn) zunehmend vor unlösbaren Problemen und damit vor dem Ende ihrer beruflichen Existenz. Während die Wohnungsbaugesellschaft Mitte (WBM) in ihren Häusern gegenwärtig noch akzeptable Mietverträge anbietet, wird sich diese Entwicklung durch das weiterhin von der Regierung angewendete Prinzip ‚Rückgabe vor Entschädigung' in den nächsten Jahren weiter verschärfen, wenn die Mehrheit der Häuser in privater Hand sein wird.

Durch das zu befürchtende Verschwinden des Kleingewerbes würde unser Viertel, die einzige erhaltene Vorstadt des alten Berlins, ihren eigentümlichen Charakter verlieren. Um dieser Entwicklung Einhalt und den angestammten Gewerbetreibenden eine Chance zu bieten, fordern wir die zuständigen Politiker aller Ebenen auf, umgehend politische und juristische Lösungen zu finden und durchzusetzen..."

Unter denen, die das Flugblatt signierten, war auch Frau Romberg. Sie ist die Gattin des DDR-Finanzministers, der mit Theo Waigel aus Bonn den ersten Staatsvertrag zwischen den beiden Deutschländern unterzeichnet hatte. Kurz darauf verließ er die Regierung de Maizière. Der Austritt war ein Rauswurf: Der Mathematiker hatte zu oft und zu laut auf die Kosten der Einheit hingewiesen, was man in Bonn nicht hören wollte.

Die Rombergs leben in der Dircksenstraße 47, am Rande des Scheunenviertels, in einem schönen, aber ziemlich lädierten Bürgerhaus. Um die Ecke, in der Rosa-Luxemburg-Straße 3, wohnt Regine Hildebrandt, wie Romberg SPD-Ministerin in der de-Maizière-Regierung und nach der Einheit Ministerin für Arbeit und Soziales im Lande Brandenburg.

Eva M. zweifelt, daß moralische Appelle sichtbare Wirkungen zeitigen. Die Tante-Emma-Läden werden im Osten ebenso sterben wie in den sechziger und siebziger Jahren in der Bundesrepublik, sagt sie. Es scheint ihr unabänderlich, daß im Scheunenviertel die gleichen Umwälzungsprozesse stattfinden werden. Als sichtbares Zeichen zieht sich bereits das lila Band der Leuchtschrift Monbijou-Apotheke über die gesamte Häuserfront, als wäre der Seifenladen schon nicht mehr vorhanden.

Gleichwohl nutzt Eva M. jede Chance, daß der Umbruch nicht die gleiche brutale Härte bekommt, die andere schon spüren mußten. Nur wer sich selbst aufgibt, hat schon verloren, philosophiert die plötzlich Radikalisierte.

Einmal kam ein Ehepaar aus dem Westen ins Geschäft und verlangte Haarspray. Welches?, fragte Eva M., und nannte etliche der vorrätigen Marken. Darauf der Herr: „Ist das nicht herrlich, was wir Ihnen jetzt bieten? Haben Sie nicht einen schönen Laden bekommen? Nun endlich geht es Ihnen gut." Nach einer Sekunde der Sprachlosigkeit wies die Frau hinter dem Ladentisch den Jubler zurecht: „Hörn Se mal, den Laden hab ick seit über vierzich Jahrn, und det, wat Se hier sehn, ist auf unsern Mist gewachsen."

Der düpierte Kunde knallte daraufhin das Spray auf den Tisch und rief zornig beim Hinausstürzen, daß er diesen Laden nie wieder betreten werde.

Anfangs ist die kleine Händlerin auf den Ostprodukten sitzengeblieben. Von Zwanzigjährigen hörte sie

Sprüche wie diesen: Wir haben vierzig Jahre lang dieses billige Zeug benutzen müssen, jetzt wollen wir endlich etwas Gutes. „Der Westdrall hielt vielleicht ein halbes Jahr an", erinnert sich Eva M., „dann wurde zielgerichtet gefragt und gekauft: Haben Sie noch das und das?" Kaum zu glauben und doch: Schon nach einer Woche kehrten die ersten reumütig zum harten Toilettenpapier Made in GDR zurück.

Dennoch: Der Verweis auf die Herkunft der Waren bei jenem Kunden war hochgestapelt. Viele Firmen im Osten, deren Produkte Eva M. einst verkaufte, existierten schon nicht mehr. Zu anderen sind Verbindungen abgerissen, weil manche Betriebe sich keine Vertreter mehr leisten konnten. Aber 30 bis 40 Prozent ihres Angebots von 1992 sind bereits wieder ostgemacht. Und die Nachfrage nahm zu. Es sprach sich herum bis in Nachbarbezirke, daß es bei Eva M. vertraute Dinge gibt, die man im Westen nicht herstellt, weil sie vielleicht zu billig oder zu albern sind. Etwa die Plastiknetze, in die man die Seifenreste tut, um sie gänzlich aufzubrauchen. Die Ballett-Eleven aus dem Internat in der Linienstraße nehmen sie, um sich damit ihre Körper zu massieren, und die Bauarbeiter, die im Kiez beschäftigt sind, kaufen sie gleich im Dutzend.

Es sind überall im Scheunenviertel die gleichen Probleme, vor denen die ansässigen oder zugewanderten Händler und Handwerker seit Beginn der neunziger Jahre stehen. Markus Wiemer führt seit der Wende in der Gipsstraße einen hundert Quadratmeter großen Tante-Emma-Laden - Dumping Kuhle. Der Name mischt Englisch und Berlinisch, paart Zeitgeist und Angestammtes. Locker ist auch der Umgang mit den Kunden. Das preiswerte Angebot kommt nahezu vollständig aus dem Osten. Die meisten Waren werden von den drei Firmenbetreibern selbst herangekarrt. „Das Bier holen wir mit dem Leihwagen aus Nordhausen. Da kostet der Transport - auf die Flasche gerechnet - anderthalb Pfennig. Würden wir es anliefern lassen, wäre es dreimal soviel." Wie früher wird noch angeschrieben, das Brot vom Vortag manchmal gar verschenkt. Die Freizügigkeit stößt zuweilen an ihre Grenzen. Wiemer, in den besten Jahren und in Bestform: „Nee, junget Fräulein, Sie stehn bei mir mit 68 Äppel in'ne Kreide. Det is sur Seit Spitze und schonn 14 Tage so. Da schreib ick keene Sigaretten mehr an. 'ne Tüte Reis könn' Se ham. Wat? Eene Sigarette? Na hier, bitte."

Die Mietvertrag von Markus Wiemer gilt bis Mitte 1993. Danach fliegen er und seine beiden Geschäftspartner hinaus. Die neuen französischen Besitzer des vormaligen Hauses der Werbung werden dem kleinen Krämer auf ihrem Hof nicht den teuren Citygrund überlassen, wenn damit wesentlich mehr zu verdienen ist.

Wiemers Tage im Scheunenviertel sind gezählt. Vielleicht auch die von Wolfgang Hennig in der Großen Hamburger Straße 17. Der Schlossermeister hatte dort am 1. September 1977 einen Kleinbetrieb übernommen. Seit 1986 versuchte er, das vermeintliche Volkseigentum zu erwerben. Vergeblich. Nach der Wende stellte jemand einen Rückübertragungsanspruch. Diesen hat inzwischen ein anderer gekauft. Der Verdacht der Immobilienspekulation liegt nahe, zumal es um das Nachbargrundstück ähnliches Gerangel hinter den Kulissen gibt. Bei beiden Häusern handelt es sich um die ältesten in der ganzen Vorstadt. Das von Hennig stammt aus dem Jahre 1728, das von Malermeister Pocher aus der Zeit von 1680/90. Es tröstet beide nicht, daß in der gesamten Straße sich nicht ein einziges Objekt findet, welches nicht mit Restitutionsforderungen bedacht wurde.

In der Großen Hamburger kleben noch vergilbte Plakate von der Volkskammerwahl am 18. März 1990, die für „Wohlstand statt Sozialismus" werben. Die CDU ist Hennigs Partei. Die Plakate hat er mit selbstgefertigtem Latexkleister geklebt. Unangenehm, weil nicht abwaschbar. Beim Vorsitzenden der CDU-Mittelstandsvereinigung des Stadtbezirks ist Ernüchterung eingekehrt. „Wir hatten andere Vorstellungen von der parlamentarischen Demokratie, die wir nur aus dem Fernsehn kannten."

Mit der ersten und einzigen freien Volkskammerwahl verbanden Leute wie Hennig die Hoffnung auf eine tatsächliche Prosperität. Nach der restriktiven Planwirtschaft sollte das freie Unternehmertum kommen, dessen einzige Grenzen die eigene Leistungskraft setzen würde.

Hennig wurde wirtschaftspolitischer Sprecher der CDU-Fraktion in der Stadtverordnetenversammlung. Das hat ihn bald desillusioniert. Der Wirtschaftsstadtrat, Elmar Pieroth, war ein windiger Westunternehmer, der vor Jahren wegen des Verdachts auf Weinpanscherei in die Schlagzeilen geriet und auch als Politiker nicht zu sonderlichem Ruhm gelangte. Obgleich Pieroth Hennigs Partei angehörte und überdies Bundesvorsitzender der Mittelstandsvereinigung war, stritten sich beide nur. Sein Parteifreund habe zwar die Belange des Mittelstandes vertreten, aber eben die des etablierten, gutsituierten im Westteil Berlins, resümiert Hennig. Mit Vorsatz oder aus Unfähigkeit seien gesetzliche Regelungen getroffen worden, die ausschließlich den anderen nützten. „Wir wollten den Mittelstand bei uns zum Wettbewerb erst einmal befähigen, doch dazu ist es nicht gekommen. Wir dachten, daß unsere langjährige Berufserfahrung ausreichend Sicherheit für Kredite böte, doch die Banken wollten nur Grund und Boden - über den wir nicht verfügten."

Nein, sagt Hennig, die CDU, der er 1979 beitrat aus christlicher Überzeugung und um den Einheitssozialisten das Terrain nicht zu überlassen, sei nicht mehr seine Partei, der Graben unüberbrückbar tief. Einst gehörten der Mittelstandsvereinigung 56 Leute in Mitte an, das war in der Anfangszeit ein agiles Gremium. Doch nach und nach sei ihnen ihre Ohnmacht bewußt geworden. Einer nach dem anderen habe den Kreis resigniert verlassen. Wenn wieder Wahlen sind, will Hennig nicht mehr kandidieren und auch sein Parteibuch hinlegen.

Wolfgang Hennigs bittere Selbsterkenntnis im Sommer 1992 hat etwas zu tun mit seiner Verwurzelung in der Spandauer Vorstadt, mit der persönlichen Bindung an diesen Mikrokosmos, der in Auflösung begriffen ist. Die Familie ist seit 250 Jahren in Berlin ansässig. Der Nachbar der Mutter in Moabit hieß Kurt Tucholsky, Vater kam aus Neukölln, aufgewachsen ist der 1945 Geborene in Karlshorst und Prenzlauer Berg. Als Kind streifte er durch die engen Gassen des Scheunenviertels und der Fischerinsel, deren historische Bauten wahrlich nicht so marode waren, wie es anschließend jene behaupteten, die alles niederrissen. Gottlob sei ihnen dann das Geld ausgegangen, vermutet Hennig, sonst hätten sie auch noch die Spandauer Vorstadt plattgemacht und mit häßlichen Hochhäusern vollgestellt. So habe diese ihren dörflichen Charakter bis heute bewahren können.

Wenn gegen Abend die Arbeitenden nach Hause gefahren sind, kehrt Ruhe ein. Wie früher schlurfen die alten Frauen mit Latschen und Lockenwickler zum Jemüsefritzen an der Ecke und holen sich ihr Kraut und die neuesten Nachrichten. Katzen streunen übern Hof, und Hennig kippt seine Molle in die ausgedörrte Handwerkerkehle. An den Fenstern tauchen die Luftschnäpper auf und palavern, das Kissen unterm Ellenbogen, mit den Leuten im Haus gegenüber. Man kennt sich seit Jahrzehnten, man versteht und vertraut einander. Von denen beschwert sich keiner über den Krach aus Hennigs Werkstatt, sagt er, mokiert hätten sich immer nur die Zugezogenen.

Mit der DDR hat Wolfgang Hennig sich nicht identifiziert, die sei ihm „glatt am Arsch vorbeigegangen". Die Familie besaß in der Kleingartenanlage 1911 in Treptow eine Laube. Dort habe der größte Apfelbaum Berlins gestanden, so hoch und dick im Stamm wie eine Eiche. Die Sektorengrenze verlief auf der Kiefholzstraße, die an der Schrebergartenkolonie vorüberführte. Einen Straßenzug weiter, aber schon in Neukölln, lebte die Oma. Der Oberschüler Hennig brachte ihr das Obst, sie kochte es ein oder machte Marmelade daraus. Unzählige Male schauten die Grenzhüter dem Jungen in den Rucksack und kontrollierten die Äpfel. Daran hatte er sich gewöhnt, die Stadt war eben besetzt und geteilt.

Doch eines Sonntags im August ließ man Hennig nicht mehr hinüber. Es wurde die Mauer gebaut, ein Graben ausgehoben und Panzersperren errichtet. Danach riß man zwei Lauben-Reihen nieder. Die der Hennigs stand plötzlich am Rande des freien Feldes, das auch nachts taghell erleuchtet wurde. Von da an hat Wolfgang Hennig diese DDR gehaßt. In der Schule, wo er das Abitur machen wollte, hat er Flugblätter verteilt. Der Zorn erreichte seinen Gipfelpunkt, als er nicht zur Beisetzung der mit 97 Jahren verstorbenen Großmutter hinüberdurfte.

Als die Mauer stürzte und die 28 Jahre währende Anormalität zu Ende war, empfand der Schlossermeister Befriedigung. Doch jetzt ist etwas mit ihm passiert, das er einst für unmöglich gehalten hätte. Was die DDR nicht schaffte, provozierten die Erfahrungen der ersten beiden Jahre der Einheit: Hennig fühlt sich nicht mehr als Berliner, sondern als OSTberliner. Ungeschminkt gibt er seine Empfindung wieder: „Was die mit den Menschen hier machen, wie alles verschachert und verscheuert wird, wie das Geld zum Maßstab aller Dinge geworden ist - das kotzt mich maßlos an. Die Unterschiede bei den Interessen und in den Empfindungen sind eben gewaltig, und zu diesem Gegensatz bekenne ich mich."

Selbst als Geschäftsmann kehrt Hennig den Ostler heraus. Gleichwohl vermag er zu differenzieren. KoBB Kellotat ist für ihn Berliner wie er - mit solchen Westlern hat Hennig überhaupt keine Probleme, und dieser nicht mit Hennig. Beide haben die hiesige Ursuppe gelöffelt und den gleichen Stallgeruch, den sie so schätzen.

In der Berliner Werkzeugmaschinenfabrik, damals noch VEB, hat Wolfgang Hennig Schlosser gelernt und seinen Meister gemacht. Er half gelegentlich einem alten Herrn, der in der Großen Hamburger Straße eine Pantoffelfabrikation betrieb und sich aufs Stanzen von Dichtungen verlegte, um etwas mehr Umsatz zu haben. Als er Mitte der siebziger Jahre zum ersten Mal das Anwesen betrat, übermannte ihn sofort Zuneigung. Es war Liebe auf den ersten Blick - was nur jemand versteht, der gleich Hennig Gespür für Geschichte und Achtung vor den Leistungen der Vorfahren besitzt.

Die Geliebte war nicht nur hochbetagt, sondern sah ziemlich mitgenommen aus. Das Gesicht des zweigeschossigen Vorderhauses trug kaum noch etwas Putz. Der Hof, ein Schlauch, seitdem das 1952 niedergebrannte Hinterhaus abgerissen war, wurde zur Linken von den äußerlich mitgenommenen Werkstätten des Pantoffelproduzenten und eines Tischlers begrenzt. Im hinteren Teil stand ein Schuppen mit Ringen an den Wänden, wo die Fuhrunternehmer vormals ihre Pferde festbanden.

Jenseits der Straße erhob sich einst das Jüdisches Altersheim, von wo aus Zehntausende abtransportiert worden waren. An diesem Platz stand nun ein Gedenkstein. Daneben die Schule, an der vor Jahrzehnten jüdische Knaben unterrichtet worden waren. Durchs Laub der uralten Linden schimmerte der Barockturm der Sophienkirche.

Hennig kaufte am 1. September 1977 die Pantoffelbude, stellte den Meister ein und trennte ein Büro von der Werkstatt ab. Die Miete, die an die Kommunale Wohnungsverwaltung zu entrichten war, betrug 94 Mark.

Nach und nach expandierte Hennig. Vor der Wende hatte er praktisch das ganze Anwesen einschließlich des Vorderhauses in Beschlag genommen und zahlte dafür mehr als tausend Mark Miete. Das war, gemessen an den Erträgen der Firma, eine erschwingliche Summe. Das Unternehmen florierte. Sieben Angestellte, darunter die beiden Söhne, von denen sich der eine auf die alten handwerklichen Fertigkeiten spezialisierte, erledigten genügend Aufträge. Man schmiedete Kirchenzäune und -tore, reparierte stilecht Balkone und Wassertürme, Brüstungen und Einfassungen von Erbbegräbnissen, Treppengeländer und Schlösser. Selbst bei Neubauten hatten sie freie Hand, sodaß sie etwa beim stilbrüchigen Plattenbaukomplex in der Großen Hamburger/ Auguststraße/ Sophienstraße zumindest am Zaun Zeichen setzen konnten, die in die Gegend paßten.

Der Standortvorteil lag und liegt auf der Hand. Bei der Sanierung des Viertels werden die Schlosserei und die drei Mitanbieter aus der westlichen Spandauer Vorstadt ausreichend Arbeit haben bis weit ins nächste Jahrtausend. Immer vorausgesetzt, Hennig darf das Haus und die Werkstatt erwerben und nicht jener Interessent aus dem Westen, der den Altanspruch aufgekauft hat. Wenn dieser den Zuschlag erhalten sollte, wird Hennig die zu erwartende hohe Miete nicht mehr aufbringen können und ausziehen müssen - das ist der eigentliche Sinn der Preistreiberei.

Wolfgang Hennig lastet diese Sorge schwer auf der Seele. Seit Jahren bemühte er sich um den Kauf, doch zu DDR-Zeiten galten die 1300 Quadratmeter Grund und Boden nebst Gebäuden als Volkseigentum und

Der Unbeirrbare: Wolfgang Hennig will trotz Behördenstreit in seinen Gewerbehof Millionen investieren.

durften nicht veräußert werden. Jetzt ist das möglich, aber auch wieder nicht. Es wurden ihm schon mal die Preise genannt: 1800 DM pro Quadratmeter. Zwar sei man bereit, aufgrund des schlechten Zustandes der Bebauung auf 1500 herunterzugehen, doch Hennig müßte nach grober Schätzung weitere 1,8 Millionen in die Sanierung stecken, wobei der Landeskonservator eine Viertelmillionen fürs Dach zuschießen will, weil dies - das haben die akribischen Nachforschungen der Architekten und Historiker ergeben - in seinen ursprünglichen Zustand zurückgeführt werden muß. Und dieser heißt: bedeckt mit rheinischem Schiefer.

Trotz allem will der potentielle Käufer Hennig dieses Titanenwerk beginnen und sich hoch verschulden, zumal schon viel Arbeit in den verflossenen Jahrzehnten in das Haus gesteckt worden ist. Als erstes hat er den Keller ausgeräumt. Darin befanden sich die Reste des niedergebrannten Hinterhauses, Unrat von Jahrzehnten, Tonnen von Sägespänen, Tausende Flaschen der Firma Hellwig, die vor dem 1. Weltkrieg Aromen und Essenzen abfüllte.

Hunderte Kubikmeter von Müll zogen Hennig und seine Mitarbeiter seit 1980 allabendlich nach der Tagesarbeit durch ein Loch in der Kellerdecke nach oben. Dabei legten sie Fundamente frei, die etwa 150 bis 200 Jahre älter waren als das Haus selbst.

Ursprünglich standen hier zwei Bauernhäuser mit dem Giebel zur Straßenseite, die dann 1728 überbaut wurden. Wie die meisten Gebäude seinerzeit boten sie Kost und Logis für die Reisenden, die am Abend nicht mehr das verschlossene Stadttor von Berlin passieren konnten und über Nacht warten mußten. Hennig plant, im Keller wieder einen Ausschank einzurichten und diesen mit einer Ausstellung alter Handwerkszeuge zu kombinieren, die er seit Jahren zusammengetragen hat.

Ähnlich wie der Zweigeschosser Nummer 17 mit

den dahinterliegenden Stallungen und Gewerberäumen sahen alle Häuser in der Großen Hamburger Straße aus. Bis sie 1904 abgerissen wurden. Es war das Jahrzehnt des Um- und Aufbaus im wilhelminischen Berlin. Die Jüdische Knabenschule und das Altersheim entstanden, das Hedwigskrankenhaus und mehrgeschossige Wohnbauten. Weshalb als einzige die Häuser 19A und 17 stehenblieben, wissen die Götter.

Hennig mutmaßt, daß die an beiden Adressen damals ansässigen Firmen genug verdienten, so daß für sie kein Zwang bestand, zu vergrößern und aufzustokken, um durch Vermietung und Schankwirtschaft die wirtschaftliche Lage der Eigentümer zu verbessern. Zeugen sind nicht mehr zu befragen, schriftliche Hinweise über die Motive nicht aufgefunden worden. Damals wurde die Große Hamburger endgültig zu einer besseren Adresse, sie hatte nichts mehr gemein mit dem engen, stinkenden, dunklen Gassengewirr des Scheunenviertels. Die Wohlstandsgrenze verlief auf der Rosenthaler. Die Friedrichstraße mit ihren noblen Restaurants und Theatern lag fortan näher als die Mulackritze mit den verräucherten Spelunken und Puffs, in denen sich die Halb- und Unterwelt tummelte.

Nun verläuft die Grenze des Wohlbefindens zwischen denen, die um ihre Gewerberäume, Werkstätten und Wohnungen bangen, und jenen, die sich auf das Prinzip Rückgabe vor Entschädigung berufen. Die Verträge, die jetzige Nutzer einst mit der Kommunalen Wohnungsverwaltung (KWV) und später Wohnungsbaugesellschaft Mitte (WBM) schlossen, werden bald nur noch Makulatur sein.

Hennig erkannte bereits zu einem frühen Zeitpunkt, was mit der Vereinigung auf die Spandauer Vorstadt zurollt. Und wenn er als Parlamentarier schon nicht die unsägliche Klausel verhindern konnte, so wollte er zumindest eine Entschließung zugunsten der Ansässigen in der Stadtverordnetenversammlung durchbringen. Die Gewerbetreibenden sollten rechtzeitig den von ihnen genutzten Grund und Boden käuflich erwerben können. Dadurch wäre sichergestellt worden, daß die Mieten in bezahlbaren Raten steigen und nicht explodieren.

Zu der von Hennig angestrebten Entscheidung ist es nicht mehr gekommen. Der Senat errechnete einen gesamtberliner Durchschnitt für Gewerbemieten, fügte die City-Lage noch als Faktor hinzu, und schon kamen die phantastischen und für Ostberliner Verhältnisse unrealistischen Zahlen zustande. Jetzt werden alle Betroffenen dem Mietdiktat der Alt-Neu-Eigentümer unterworfen werden.

Die Restchance, sagt Hennig, besteht darin, daß möglichst viele Mieter selbst zu Vermietern werden, indem sie mitbieten und mitkaufen, koste es, was es wolle. Doch er weiß selbst, wie gering Aussichten und Mittel sind. Und wenn, wie beabsichtigt, die Sanierung durch die Eigentümer erfolgt, wird das Viertel sterben. Angestammte Gewerbe werden aus- und profitable Dienstleistungsunternehmen einziehen. Die Bewohnerschaft wird ausgetauscht. Das wird eine Schickimicki-Gegend, vermutet Hennig, und es ist zu fürchten, daß er sich nicht irrt. Dann ist sein Traum vom Altberliner Handwerkerhof ausgeträumt.

Im Mieterbüro in der Gipsstraße 23 laufen die Horrorgeschichten zusammen. Da hat zum Beispiel eine Mieterin die Nachricht von der Wohnungsbaugesellschaft Mitte erhalten, ihr Wohnhaus sei von einem neuen Eigentümer übernommen worden. Weil sich dieser bei ihr nicht meldet und auch die WBM ihr keine neue Kontonummer mitteilt, überweist die Frau brav, wie gewohnt, Monat für Monat ihre Miete an die alte Adresse. Nach einem halben Jahr bekommt sie erstmals Post vom Eigentümer - es ist eine fristlose Kündigung. Begründung: Mietschulden.

Die Motive für ein derart rüdes Vorgehen sind

Auguststraße 4: Künstler wissen mit jeder Fassade etwas anzufangen.

unschwer auszumachen. Das Objekt ist, bis auf zwei Wohnungen, leer, man hat bereits mit der Sanierung begonnen. Um noch die letzten beiden lästigen Mieter loszuwerden, setzt der Eigentümer sie unter Druck.

Die Gekündigte wehrt sich. Sie legt Widerspruch ein wegen des Rauswurfs, der keine juristische Basis hat und ermahnt die WBM. Diese jedoch - statt die dem Eigentümer zustehende Miete weiterzureichen - zahlt das Geld an die Briefeschreiberin zurück. Nun kommt die dramatische Zuspitzung: Trotz der eindeutigen Sachlage hält der Besitzer in einem weiteren Schreiben an seiner Entscheidung fest. Und da ein solcher Brief den Charakter eines Dokumentes hat, mit dem Anwälte operieren, werden zwei Lügen mit eingeflochten: Er habe ihr, der Mieterin, den Eigentumswechsel und seine Kontonummer rechtzeitig mitgeteilt. Zweitens sei er mehrmalig in ihrer Wohnung vorstellig geworden und habe sich persönlich davon überzeugt, daß "Sie nicht in der Lage (waren), Ihre siebenmonatigen Mietschulden an mich zu zahlen, sodaß die Zwangsräumungsmaßnahmen Ihrer Mietwohnung in den nächsten Tagen erfolgt. Unsere Mietforderungen und Kosten der Zwangsräumung haben wir gegen Sie gerichtlich geltend gemacht." Das war nicht nur schlechter sprachlicher, sondern überhaupt kein Stil.

In diesem Falle konnte das Mieterberatungsbüro helfen, funktionierte die Selbsthilfe, die Solidarität der Schwachen. Doch nicht immer sind die Zusammenhänge so leicht zu durchschauen und die Protagonisten so aggressiv zugange, daß deren Rechtsbeugung offenbar wird. Die Basisdemokratie stößt rasch an ihre Grenzen.

Schlossermeister Hennig, der in der Betroffenenvertretung hospitiert, bekennt sich trotzdem „ohne jedes Wenn und Aber" zu solchen Bürgerinitiativen. Auch wenn er ihre Wirkung für gering hält, weil Don Quijotes gegen Windmühlenflügel kämpfen, haben sie seine Sympathie und Unterstützung. Wegen der Spandauer Vorstadt werden DIE doch nicht das bürgerliche Recht und die seit vier Jahrzehnten in der Bundesrepublik und in Westberlin gängige Praxis ändern, sagt er sarkastisch. Machtlosigkeit kann viele Gesichter haben. Und Ohnmacht fährt nicht nur Wartburg. Der Mittelstand im Scheunenviertel fürchtet um seine Zukunft.

Mit der Situation müsse man halt leben: Entweder

man kann die Miete zahlen, oder man kann sie nicht zahlen, meint Hennig. Vor zwei Jahren dachte auch er darüber noch anders, jetzt habe er notgedrungen begriffen, daß es eherne Grundsätze in dieser Gesellschaft gibt, die sich nicht umstürzen lassen.

Wo die Normannen becherten

*Wie einst Corpsbrüder
für Marlene Dietrich den Platz freigaben*

Die Fassade ist unauffällig und grau wie die der meisten Häuser in der Linienstraße, der Eingang bar jeden Hinweises. Die Denkmalpflege hat schützend ihre Hände über die Nr. 150 gebreitet, weil das Vorderhaus aus dem Jahre 1820 stammt. Im hinteren Teil des Anwesens befindet sich seit Ende der fünfziger Jahre das Internat der Staatlichen Ballettschule und der Artistenschule.

Rückblick im Zeitraffer: Über die letzte Kriegszeit hinweg wurde dort Seife produziert. Ende der zwanziger Jahre drehte der Regisseur Sternberg Teile des Films „Der Blaue Engel" in dem größten Raum des Hauses. Marlene Dietrich alias Lola hat ihre langen, schlanken Beine übereinandergeschlagen und singend der Welt erklärt, daß sie von Kopf bis Fuß auf Liebe eingestellt sei. Das Aussehen des Film-Variétés in der ersten Etage ist nahezu unverändert; hinter der Brüstung der Musikempore wähnt man mit ein wenig Phantasie Emil Jannings als Professor Unrat schamhaft seinen Bart streichen. Marlene, ach Marlene ...

Was 1929 der UFA wohl als Filmkulisse diente, war 1910 von der studentischen Verbindung „Corps Normannia Berlin" als Burschenschaftshaus errichtet worden. Doch vor Drehbeginn veräußerten es die konservativen Studiosi und zogen in den Grunewald. Die 1842 gegründete Verbindung hatte sich einst aus naheliegenden Motiven am Rande des Wissenschaftsviertels angesiedelt: Dort befanden sich die Institute und Hörsäle der Universität, die Museen, die Charité. Um die Jahrhundertwende bezogen die Corpsbrüder das

Haus in der Großen Hamburger Straße 16, anschließend das eigene in der Linienstraße 150. Aber die Adresse wird dann wohl auch nicht mehr fein genug gewesen sein. Der Dunst aus niedrigen Proletenhütten in N 24 drang gewiß bis in den romantischen, verwinkelten Hinterhof des Corpshauses, so daß dessen Bewohner irgendwann beschlossen, in eine bessere Gegend überzusiedeln.

Zur Einweihung des dreigeschossigen Neubaus bei Gelegenheit ihres 68. Stiftungsfestes vom 2. bis 4. Februar 1910 zechten die Normannen, daß die Heide wackelte. Auch die Alten Herren hielten wacker mit. Der Chronist umschreibt gesittet das exzessive Gelage, doch wer zwischen den Zeilen zu lesen geübt ist, vermag den doppelten Boden der Botschaft zu erkennen.

Die Weihe begann nachmittags zwischen drei und vier Uhr in frostklirrender Kälte auf dem Hof mit Trompetenstoß und Hörnerklang. Im vollen Wichs schmetterte man das Vereinslied in den Winterhimmel mit „entblößten Schlägern". Dann folgten Schlüsselübergabe und salbungsvolle Worte durch einen als Begemann I bezeichneten Alten Herrn, welcher mit dem pathetischen Satz schloß: „Möge jeder, der diese Schwelle einmal als Normanne überschreitet, sein Leben lang das Recht behalten, hier ein- und auszugehen!"

Am dritten Tage, voll im Tee, ergriffen etliche Normannen die an den Wänden zu Dekorationszwecken befestigten Speere und Hellebarden sowie den Gasanzünder und stürmten aufs Dach, um sich zu bekriegen. „Aber Kälte und Durst trieben die kühnen Kämpen nach kurzer Zeit wieder hinunter", berichtet der Chronist. Und nun das Malheur: „Nur die Siegeslanze des Führers, vulgo Gasanzünder, verblieb auf der Wahlstatt und verursachte abends, als die Lampen zum Kommers angezündet werden sollten, eine gründliche, aber vergebliche Haussuchung." Schrecklich, nicht wahr?

Anderthalbhundert Corpsbrüder und -schwestern sowie Alte Herrn gaben sich der feuchtfröhlichen Feier hin, deren Bericht auch für Denkmalpfleger interessant ist, denn er enthält eine präzise Beschreibung des Anwesens.

„Das Haus hat eine gerade, glatte Front nach dem zweiten Hof des Grundstücks Linienstraße 150, das der Aktien-Gesellschaft 'Normannenkneipe' gehört. Der Eingang von der Straße und die Torwege sowie die kahlen Bäume des zweiten Hofes waren während der Feiertage festlich bekränzt, wodurch die Unbehaglichkeit des alten Gemäuers erheblich gemildert wurde. Das Corpshaus ist ganz isoliert gebaut und lehnt sich links und hinten an die Nachbargebäude an. In der Hinterfront ist ein Lichthof freigelassen. Im Kellergeschoß befinden sich der Heiz- und Kohlenkeller für die Dampfniederdruckheizung, Vorrats- und Weinkeller sowie zwei Kegelbahnen. Im Untergeschoß liegt die Wohnung des Corpsdieners, bestehend aus zwei sehr geräumigen Stuben und der großen Küche mit Nebenräumen."

Dort lebt seit 1970 Monika Scheffler mit Katze und Mann, ihre Tochter hat inzwischen im Vorderhaus Quartier bezogen. Das Leben spielt sich wie in den meisten Berliner Familien in der Küche ab: Da rumpelt die Waschmaschine, werden am Tisch die Kreuzworträtsel gelöst und die Nachrichten aus dem Kiez erörtert. KoBB Kellotat steckt gelegentlich seinen Kaiser-Wilhelm-Bart durch die Tür, er liegt im permanenten Clinch mit der Wahlberlinerin. Doch die verbalen Schlagabtausche betreiben beide als eine Art geistige Gymnastik, sie tarnen die Sympathie füreinander mit vermeintlich scharfen Krallen.

Weiter im Text der Chronik: „Nach oben führt bis zum großen Kneipsaal ein Speisenaufzug. Für Bier soll noch ein besonderer Aufzug im Lichtschacht angelegt werden. Die Corpsdienerwohnung hat einen eigenen Eingang, der gleichzeitig zur Hintertreppe führt, auf der man nach unten in den Keller und zur Kegelbahn, nach oben bis zum Dachgarten gelangt. Durch das Hauptportal betritt man einen mit blauen Kacheln ausgelegten Vorraum, von dem die breite mit Linoleum belegte Haupttreppe ausgeht. Eine Verbindungstür führt in die Vorderstube des Corpsdieners. Im Erdgeschoß fällt zunächst die mit Korbmöbeln ausgestattete Diele auf, die durch einen Kelim vom Treppenflur abgeschlossen werden kann und bei Damenfesten als Damengarderobe dient. Links gelangt man in das gemütliche Eß- und Spielzimmer und von hier einerseits in das C.C.- und Billardzimmer, andererseits auf den Anrichte- und Schankraum und zur Hintertreppe. Neben der Diele liegen Toilettenräume. Im ersten Stock schließt sich an den Treppenflur die Garderobe an, durch Glastür abgeschlossen, über welcher an ragender Wandfläche ein von den Corpsschwestern gestiftetes und von Künstlerhand (Klaus-Wilmersdorf) gemaltes Bild der Rudelsburg den Ankommenden grüßt. Von der Garderobe führt eine kleine Treppe zu dem darüberliegenden Weinstübchen, das noch der Einrichtung harrt, ferner eine Tür in die Toilette und eine in den großen Kneipsaal, den man aber auch vom Treppenflur durch eine Flügeltür betreten kann. Der Kneipsaal hat drei große Fenster, eins nach dem Lichtschacht, und zwei nach vorn, die als Dedikation der früheren M.C.M.C. bunte Glasmalereien enthalten, eines unser Corpswappen, das andre den Reichsadler, beide von den Farbenschildern unsrer Verhältniscorps umgeben. Gegenüber in einer Ecke fügt sich in die Holzbekleidung der Wände sehr geschickt das Bierbüffet ein, überragt von der Musikempore, beide mit Ausgang zur Hintertreppe."

Das sei genau das Interieur, das mit Marlene Dietrich in die Filmgeschichte einging. Dort flammten seinerzeit die UFA-Scheinwerfer auf und surrten die Ka-

meras, um einen der ersten deutschen Tonfilme aufs Zelluloid zu bannen, der dann zum Klassiker werden sollte und für die Hauptdarstellerin der Start zur Weltkarriere bedeutete. So erzählt man im Kiez.
Der Chronist fährt fort: „Der zweite Stock enthält ein Zimmer für den dritten Chargierten und den Fechtboden mit Garderobe und Douchraum. Auf der Hintertreppe erreicht man schließlich den Dachgarten, der im Sommer seine Ausstattung noch erhalten muß. Sämtliche Räume haben Anschluß für Gas und elektrisches Licht und sind durch Haustelephon verbunden. Ein Posttelephon soll gleichfalls angelegt werden."
Als Erklärung zu den beschriebenen Glasfenstern im Kneipsaal sei angefügt: Als „Verhältniscorps" zählten die Berliner Normannen Borussia Greifswald, Rhenania Bonn, Nassovia Würzburg, Silesia Breslau, Borussia Halle, Saxonia Kiel und Suevia München. Hingegen unterhielten sie mit der Franconia Tübingen, Thuringia Leipzig, Suevia Straßburg, Brunsviga Göttingen, Hassia Gießen und Baruthia Erlangen ein „offizielles Vorstellungsverhältnis".
Unter dem Leitwort der Normannen „Durch Kampf zum Sieg! Durch Nacht zum Licht!" becherten 150 Leute drei Tage und drei Nächte. Darunter „unser alter Spreer", der mit 121 Semestern der Älteste am Tresen war, also einer, der seit über 60 Jahren der Studentenschaft angehörte. Vivat, crescat, floreat Normannia, wachse, blühe und gedeihe...
Dieser nicht unbedingt maßlos zu nennende Wunsch ging nur bedingt in Erfüllung. Nach neunzehn Jahren verblühte die Männerrunde Normannia in der Linienstraße. Und zwischen jenen alkoholschweren Februartagen anno 1910 und dem heutigen lagen bekanntlich zwei Kriege und eine DDR. Diese etablierte im Haus ein Internat und setzte Monika Scheffler als Leiterin ein. Zugezogen aus dem Norden der Repu-

blik, Lebensgefährtin eines Berliners aus dem Scheunenviertel, resolut, zuverlässig, aber nicht unbedingt angepaßt. Die Geschichte des Hauses hatte man ihr nicht erzählt (bestimmt war die auch längst vergessen worden), doch eines schärfte man ihr ein: Besichtigungen von Ausbildungsstätten und Nachfolgeeinrichtungen, zum Beispiel Internaten, durch auswärtige Personen seien zu verhindern - es sei denn, es läge allerhöchste Genehmigung vor. Diesen Ukas hatte Frau Margot H., Ministerin für Volksbildung, ausgegeben, und sie wird sich schon was dabei gedacht haben, wenn sie das Innenleben von Schulen und dergleichen zu einem Staatsgeheimnis erklärte. So interpretierte jedenfalls Monika Scheffler diese Weisung und hielt sich daran.

Bis eines Tages Mitte der achtziger Jahre ein älterer Herr bei ihr Einlaß begehrte. Er wolle nur mal einen Blick ins Haus werfen, das sie als Normannen bis 1929 besessen hätten. Mehr nicht. Nun stutzte die Chefin ein wenig - nicht nur wegen der Naivität des Wunsches, sondern vor allem wegen des verschlüsselten Hinweises auf die Vergangenheit. War sie an deren Aufhellung interessiert, oder hatte sie die ministerielle Weisung nur nicht - wie allerdings gewünscht - verinnerlicht, daß sie es unterließ, dem Klassenfeind die Tür zu weisen? Egal, sie ließ den Normannen ein und erfuhr erstmals die Historie des Hauses.

Dem einen Herrn folgten bald weitere Pensionäre, die illegal und sentimental das Innere ihrer früheren Wirkungsstätte begutachteten. Die Heizungsanlage sei noch die alte, erklärten sie gerührt - das hatten die frierenden Ballettschülerinnen in kalten Wintern schon immer vermutet. Auch die Sanitäranlagen hatten nur unwesentlich verändert die Jahrzehnte überdauert. Einzig die Elektrik erfuhr 1980 Ersatz durch häßliche Überputzleitungen, nachdem aus dem Sicherungskasten überm Sofa der Internatschefin blaue Funken ins

Wohnzimmer gesprüht waren. Der herbeitelefonierte Notdienst beruhigte sie und unterbrach den Funkenflug mit einem Stück Gummi.

Nach erfolgter Besichtigung drückten die netten grauhaarigen Herren ihrer Führerin ein Trinkgeld in die Hand, obschon sich diese ausreichend durch deren Geschichten belohnt fühlte. Die Annahme des Bakschisch hätte sie als sozialistische Leiterpersönlichkeit verweigern müssen, doch im Intershop fragte keiner nach Profession und Herkunft der Devisen.

Zu späterer Zeit, als die Intershops und die DDR schon geschlossen hatten, nahmen die Normannen offiziell Kontakt auf. Sie beantragten eine Besichtigung am Donnerstag, dem 9. Mai 1991, um 12 Uhr. „Ich verbürge mich persönlich für den ordnungsgemäßen Ablauf", versicherte der Normannen-Vorsitzende Ulrich Deus von Homeyer, Rechtsanwalt und Notar im Westteil Berlins. Um auch die letzten Befürchtungen zu zerstreuen - es war bekanntlich die Hohe Zeit der Rückübertragungsforderungen –, fügte er seiner Botschaft vom 30. April 1991 an den Direktor der Artistenschule die handschriftliche Beruhigung bei, daß „lediglich nostalgische Neugier" das Corps Normannia in die Linienstraße 150 treibe; es bestünden „keinerlei Eigentumsansprüche an das Haus".

Die Visite verlief tatsächlich ohne Zwischenfälle. Im Unterschied zur fulminanten Premiere im Februar acht Jahrzehnte zuvor. Die Alten Herrn hatten ein mildes Lächeln für die neuen Bewohnerinnen, und mancher hing vielleicht auch dem Gedanken nach: „Da war doch mal was..."

Erstmals 1959 zogen Mädchen im Alter zwischen vierzehn und achtzehn in die Linienstraße 150 ein. Seitdem nämlich nutzen die Staatliche Ballettschule Berlin und die Schule für Artistik das traditionsreiche Anwesen als Internat.

Anderthalb Dutzend Teenager lebten „in normalen

Hoffest: Nur die Pose, nicht die Figur erinnert an die Ballettmädchen aus der Linienstraße.

Zeiten" hier, sagt Monika Scheffler, doch diese Jahre seien nun offenkundig vorüber. Die Perspektiven für Tänzer und Artisten verschwimmen im Nebel der Marktwirtschaft, sind nicht mehr so klar wie einst, als jeder Eleve bereits bei Schulbeginn seinen Platz im Zirkus oder in einem Ballett sicher wußte.

Dazu gesellen sich die Querelen in der Leitung. Beide Schulen gehören nun dem Land Berlin, und die beiden Künstlerischen Leiter, Gerd Krija und Martin Puttke, deren Kompetenz international geachtet ist, bekamen vorsorglich einen Aufpasser vorgesetzt, einen Oberschulrat. Ein großer Ruf ging diesem nicht voraus. Der war mal Gymnasialdirektor und habe von beiden Fachgebieten wenig Kenntnis, ließen Insider hinter vorgehaltener Hand wissen. Im Unterschied zu den beiden Leitern war er aber hinlänglich durch seine Biographie qualifiziert: Kendzia kam aus dem Westen. Eigentlich war aber nicht er das große Ärgernis, sondern das waren mehr die Denunzianten und Neider, die in den Kulissen hockten.

Zum ersten Opfer erkoren sich diese Prof. Martin Puttke, den Künstlerischen Leiter der Ballettschule. Der Kulturminister der Regierung de Maizière, Herbert Schirmer (CDU), reagierte 1990 noch angemessen: Als ein anonymes Schreiben bei ihm einging, in dem Puttke beschuldigt wurde, er würde als Pädagoge nach der Methode "Sex, Schläge und Schikane" arbeiten, lud Schirmer die Eltern von Puttkes Schülern in die Komische Oper und las den üblen Brief vor. Das anschließende Votum für ihn war eineindeutig. Trotzdem wurde weiter an Rufschädigung gearbeitet, in den Medien und intern; einem ehemaligen Schüler Puttkes bot man sogar Geld dafür, daß er seinen Lehrer öffentlich belastete. Der Senat ließ 1992 Puttkes Vertrag als Leiter des Ballettensembles der Staatsoper auslaufen. Eine ursprünglich zugesicherte Verlängerung wurde nicht angeboten.

Puttke war kein politischer Rebell unter DDR-Verhältnissen, aber er tat gewiß sein Bestes für die Schule. Als der Stellvertretende Kulturminister Hartmut König im Mai 1989 zu einem Protokollbesuch kam, präsentierte der Direktor mit sichtlichem Stolz ein Stück, das er mit seinen Zöglingen beim bevorstehenden Nationalen Jugendfestival aufführen wollte. Puttke zeigte dem schwergewichtigen Kulturfunktionär auch die neue Sauna und die Medizinstation, verschwieg Probleme keineswegs; er wirkte höflich und zuvorkommend, nicht unbedingt servil, man kannte und vertraute sich. Dann gab es ein Jungwählerforum mit ziemlich scharfen Fragen, deren Spitzen Direktor Puttke mitunter rundzufeilen versuchte, wie das so üblich war. König zeigte sich gar nicht überrascht, er wußte, daß der Wind der herrschenden Kaste schon recht scharf ins Gesicht blies. Alles blieb darum harmlos und nett und ohne Nachspiel.

Der Umgang mit Puttke erscheint exemplarisch. Wer in der DDR ein Amt hatte, muß weg, gleichgültig, ob ihn Kompetenz oder Opportunismus dorthin getragen hatten. Überdies sind Westseilschaften vielerorts bestrebt, die eigenen Leute auf die freigeschossenen Posten im Osten zu hieven. Da kann es schon mal vorkommen, daß ein international renomierter Tanzpädagoge von einem Herrn Niemand aus dem Westen ersetzt wird.

Allerdings: Im Scheunenviertel verkehren seit der Wende auch pädagogische Westimporte, denen Lauterkeit und Pioniergeist nachgesagt werden muß. Unweit der Synagoge, in der Oranienburger 124, sitzen seit Jahrzehnten die Humanmediziner. Dort lehrte einst der Sexualforscher Magnus Hirschfeld, ein Jude. Als sich die Studiosi von 1933 am 18. Mai vor dem Hause versammelten, um zum Opernplatz zu ziehen und Bücher zu verbrennen, spießten sie Hirschfelds Büste auf einen Pfahl.
  Zum Glück hat solcher Ungeist nicht Wurzeln geschlagen in der Oranienburger Straße 124. Prof. Imanuel Geiss, Deutschlands namhafter Universalhistoriker, hielt im Juli 1992 seinen Berliner Abschluß-Vortrag im dortigen Hörsaal. Den Gelehrten von der Universität Bremen, die er einst mitbegründete, hatte die Humboldt-Universität eingeladen, vier Semester Geschichte bei den Sozialwissenschaftlern zu lesen. Geiss tat dies gern neben seinen weiterlaufenden Verpflichtungen in Bremen.
  Geiss prognostizierte schon 1980, eine Woche nach der sowjetischen Intervention in Afghanistan, den Zerfall der UdSSR, wofür ihn nicht nur seine SPD-Genossen des Antikommunismus ziehen. Das gleiche Schicksal hatte er den USA prophezeit, deren Ende mit dem Vietnamkrieg begonnen habe. Im Unterschied zur UdSSR seien die Vereinigten Staaten wirt-

schaftlich jedoch potenter, meinte Geiss, weshalb deren Agonie etwas länger dauere. Das Resultat hingegen werde das gleiche sein. Die Studenten schockte der Historiker mit der Aussage, daß er auch in Deutschland mit Bürgerkrieg rechne, und bot als friedlich-schiedliche Alternative zu seinem worst-case-Szenario eine deutsch-deutsche Konföderation an. Die Idee sei so neu nicht, winkten seine Hörer ab, sie wäre jedoch schon zu Beginn des Jahres 1990 beerdigt worden. Zu früh, hielt Geiss dagegen und setzte unbeeindruckt seinen Marsch an der Stirnseite des Saales fort.

Nun wucherte Zweifel, ob man dem Gastprofessor Glauben schenken sollte - immerhin hatte er bezüglich der Sowjetunion recht behalten -, oder ob man seine Hypothesen im Fach Provokation ablegen sollte. Die Studenten zeigten sich mehrheitlich unschlüssig. Doch als der Professor ein paar harte Wahrheiten zur DDR-Vergangenheit sagte, fiel einigen die Antwort leicht: Sie verließen demonstrativ den Hörsaal. Geiss ließ sie ziehen, gleichwohl schien er vom Protest der Komilitonen betroffen, denn er glaubte, sensibler als manch anderer Akademiker-Kollege aus dem Westen die seelische Befindlichkeit der Ostdeutschen zu bedenken. Behutsam hatte er alle vermeintlichen Siegfried-Stellen umgangen, um nicht in den Ruf des Besserwessis zu kommen. Nun gut, nun schlecht, die Forderung nach einer Konföderation war jedenfalls publik und sorgte für eine gewisse Verwirrung.

Kohl und die von ihm repräsentierte politische Klasse haben innenpolitisch alles falsch gemacht, was man beim Einigungsprozeß hätte nur falsch machen können, dozierte Geiss. Um die dadurch entstandenen Spannungen, welche mit Sicherheit noch anwüchsen, abzubauen, sollte man entweder den Zustand wiederherstellen, der bis 1989 bestanden habe - oder eine nicht ganz so krass gespaltene Form der Zweistaatlichkeit, eben eine Konföderation. Auf dieser Basis könne allmählich und solide zusammenwachsen, was 1990 zu schnell zusammengekittet wurde. Das hohe Tempo wäre zwar außenpolitisch gerechtfertigt gewesen, wie der spätere Gang der europäischen Geschichte bestätigt habe, doch nun müsse man sich endlich die Zeit nehmen, die man seinerzeit nicht hatte. Prof. Geiss ließ diesen Gedanken zurück und zog gen Bremen, seine alte Heimat.

Neben dem Medizinischen Institut und der Artistenschule finden sich im Scheunenviertel und an seiner Peripherie noch andere Bildungsanstalten. Die berühmteste vielleicht ist die in der Auguststraße 14–16. Sie hieß eine zeitlang nach Max Planck und wird heute als Internat für die Zöglinge einer Sehschwachenschule genutzt. Vormals befand sich in diesem Hause ein jüdisches Kinderheim mit außergewöhnlichem sozialen und pädagogischen Anliegen, dem die spätere Schülerin der Erweiterten Oberschule „Max Planck", die Journalistin Regina Scheer, in einer bemerkenswerten Erkundungstour zu Ruhm verhalf. „Ahawa, das vergessene Haus" überschrieb sie ihr 1992 erschienenes Buch, das das Resultat von einem Dutzend Recherche-Jahren darstellt.

Auf dem Anwesen wurden in der Nazizeit Juden zum Abtransport in die KZ gesammelt, es war ihre letzte Berliner Adresse. Regina Scheer rekonstruierte aus Dokumenten und mündlichen Überlieferungen die Geschichte des Hauses. Und was die Nachbarn davon zur Kenntnis genommen haben. Viele wollten nichts gesehen und gehört haben, nicht, wie die Transporte eintrafen und gingen, nichts, was sich hinter diesen Mauern abgespielt hatte.

Es gab aber auch Ausnahmen. Von einer berichtet Karl Kormes, der seinerzeit den Jüdischen Arbeiter-Kultur-Verein in der Neuen Schönhauser Straße 5 besuchte. Kormes ging später nach Spanien und kämpfte in den Internationalen Brigaden. In DDR-Tagen wurde er Botschafter in Ekuador. Zuvor, in den siebziger Jahren, hatte er die DDR in der Grenzkommission vertreten, wo Westdeutsche und Ostdeutsche den Verlauf der Staatsgrenze zwischen BRD und DDR aushandelten. Als Ruheständler lebt der Ex-Diplomat in Schöneiche.

Bis zu ihrem Tode kümmerte sich Kormes um eine dort in einem Altersheim untergebrachte hochbetagte Dame, die vorher auf seinem Nachbargrundstück gewohnt hatte. Diese 1905 geborene Gertrud Tancré, Nachfahrin von in Berlin eingewanderten Hugenotten, kam aus bescheidenen Verhältnissen und arbeitete bis 1940 als Zuschneiderin bei jüdischen Firmen am Hausvogteiplatz. Ihren letzten Chef der Firma Schindler & Presch hatten die Nazis 1938 abgeholt. Nach vierzehn Tagen kam er wieder: verändert, verstört, zerbrochen. Durch eine nicht verschlossene Tür hörte Gertrud den Vorwurf der Ehefrau: „Haben sie Dir endlich Dein Deutschtum ausgetrieben, Du Narr!".

Ihre eigene, 1927 geschlossene Ehe mit dem Klempner Walter Andexel blieb kinderlos. Gertrud bemühte sich daher um die Adoption eines anderthalbjährigen Kindes aus eben diesem jüdischen Heim in der Auguststraße. Doch diese wurde - nachdem das Kind bereits bei ihr in Schöneiche war - mit dem Verweis auf Gertrud Andexels Jugend abgelehnt. Sie war damals Mitte Zwanzig. 1932 bekam sie vom selben Heim einen dreimonatigen Säugling angeboten, dessen Vater als unbekannt galt. Sie konnte ein kurzes Gespräch mit der Mutter des Jungen führen, die als Dienstmädchen in einem jüdischen Haushalt beschäftigt war. Gertrud Andexel sah dabei flüchtig auch den Hausherrn und wußte sofort Bescheid. Ihr Geheimnis hütete sie bis in die Nachkriegszeit, wohl wissend, daß bei Bekanntwerden der Herkunft ihres Sohnes dieser „auf Transport" und sie „wegen Begünstigung" ins KZ gegangen wäre. Geschickt ignorierte sie alle Forderungen nach dem sogenannten Ariernachweis für Heinz und rettete damit einem jüdischen Jungen das Leben. 1948 wurde die Adoption rechtskräftig vollzogen.

Gertrud Andexel ist inzwischen verstorben, der Adoptiv-Sohn arbeitete in den achtziger Jahren als Oberamtmann bei der Deutschen Reichsbahn.

Neben dieser Einrichtung in der Auguststraße gibt es eine weitere Schule in der Weinmeisterstraße. Bis zum letzten Krieg waren dort das Real- sowie das Sophiengymnasium und die Sophienschule ansässig. Als die Feuerwalze des Endkampfes darübergerollt war, stand nur noch das Sophiengymnasium. In dieses zog in der DDR-Zeit das Pionierhaus Mitte ein. Auf dem Platz des Realgymnasiums errichtete der Arbeiter- und Bauernstaat einen seiner ersten repräsentativen Schulneubauten und benannte ihn nach dem ermordeten Antifaschisten Franz Mett aus der Mulackstraße.

Der Zuschnitt der Lehranstalt war großzügig bemessen und vom Geist des Aufbruchs durchdrungen: Kapitale Säulen schmücken das Portal, und die Aula mit überdimensionierter Bühne gleicht einem riesigen Theatersaal. In den achtziger Jahren hat die Witwe des Namensspenders testamentarisch der Schule ihr nicht unbedeutendes Sparguthaben überlassen, damit diese die seit Jahren fällige Renovierung in Angriff nehmen konnte. Eine solche Art Mäzenatentum war in der DDR gänzlich unüblich und offiziell gar nicht so gern gesehen.

Der Verfall des Hauses war jedoch durch Fahnenschmuck nicht mehr zu verbergen und staatliche Hilfe nicht in Sicht. Überdies befand sich im Erdgeschoß auch das Wahllokal, zu dem die Bewohner der östlichen Spandauer Vorstadt falten gingen, wie man das Votum mit dem Einheitsstimmzettel für die Kandidaten der Nationalen Front im Volksmund nannte. Im Foyer der Schule lungerten stets einige Figuren herum, die ein waches Auge auf die Wähler hatten. Man schob sich in einen der Klassenräume, die mit Kinderzeichnungen, Grünpflanzen und Fahnen freundlich drapiert waren, marschierte an einer Reihe der grimmig bis ernst auf den vorgewiesenen Personalausweis, die Wahlbenachrichtigung und die Liste mit den vielen Nummern starrenden Personen vorüber und bekam am Ende einen bedruckten Zettel mit Namen, die man nicht kannte. Diesen kniffte man umgehend in der Mitte. Eine lächelnde Dame mittleren Alters (das war die einzige im Raum, die gute Miene zum bösen Spiel machte) zog einen Bogen von der roten Kiste und gab den Schlitz frei, durch welchen man seine Stimme einwarf.

Dort falteten die Anwohner auch im denkwürdigen Monat Mai des Jahres 1989 und trugen so auf ihre Weise bei zu dem am Ende auf über 99 Prozent hochgefälschten Wahlresultat. Im selben Raum machten sie dann am 18. März 1990 zum ersten Male ein Kreuzchen in einer Wahlkabine. Man traf vertraute Gesichter wieder, doch diese lächelten nicht mehr ganz so finster. Wahlurnen kommen und gehen, aber ihre Hüter bleiben.

Um die Jahrhundertwende hätten die Finger zweier Hände nicht gereicht, um alle Bildungsanstalten und Internate im Scheunenviertel zu zählen. Es gab die Lehranstalt für die Wissenschaft des Judentums in der Artilleriestraße und die Lehrerbildungsanstalt der Jüdischen Gemeinde in der Großen Hamburger, das bereits erwähnte Sophiengymnasium in der Weinmeisterstraße 15 und das Realgymnasium in der Steinstraße 31–34, das Luisen-Lyzeum in der Ziegelstraße und das Sophien-Lyzeum in der Weinmeisterstraße 16/17. In der Gormannstraße 3 bot das israelitische Mädchen- und Altenheim Obdach. Unter dem gleichen Dach befand sich eine Kochschule. In der Artilleriestraße 31 lehrte das Rabbinerseminar (wegen der Adresse und zur Unterscheidung von der anderen jüdischen Bildungsanstalt vom Volksmund in „leichte" und in „schwere Artillerie" geschieden). In der Großen Hamburger Straße 18/19 unterrichtete die Stadt Berlin „Dienstmädchen und andere weibliche Hausangestellte" in den Tätigkeiten „Ausbessern, Schneidern, Plätten und Kochen"; zehn Häuser weiter befand sich eine Kinderbewahranstalt, in der Sophienstraße 17/18 ein Kindergarten für Taubstumme und in der Gipsstraße 23a ein Kinderhort.

In der Gipsstraße 3 hingegen brachten die Juden ihre Kinder unter. In der Linienstraße 66 versuchte eine Kindervolksküche Mädchen und Jungen aus dem Scheunenviertel satt zu machen, und in der Linienstraße 162 wurden an der Städtischen Pflichtfortbildungsschule „Jünglinge" und in der Großen Hamburger 18/19 in der gleichen Anstalt Mädchen unterrichtet. Für geistig zurückgebliebene Mädchen gab es in der Auguststraße 67/68 eine Hilfsschule und für Handwerker in der Sophienstraße 17/18 die Fortbildungsschule des Berliner Handwerkervereins.

Im schon erwähnten Sophien-Lyzeum in der Weinmeisterstraße absolvierten weibliche Angestellte in einem Anderthalb-Jahreskurs die Handelsschule oder die Selekta, d. h. den Höheren Handelskursus. Am gleichen Platze qualifizierte sich die Kaufmannschaft von Berlin tagsüber und abends ihre Verkäuferinnen, hingegen mußte, wer die Kaufmännische Fachschule besuchen wollte, sich in die Auguststraße 21 begeben. Dazu kamen noch verschiedene Ableger der Universität.

Die Zahl der Bildungsanstalten am Ende des Jahrhunderts steht in keinem guten Verhältnis zu jener am Beginn des Jahrhunderts. Und dies ist nicht nur auf Holocaust und Kriegseinwirkungen zurückzuführen. Wie die Normannen einst das Weite suchten, verließen auch andere diese Gegend. Neun Ausbildungsstätten gibt es noch im Kiez. Noch.

Vivat, crescat, floreat - blühe, wachse und gedeihe Scheunenviertel!

Aber ohne Kinder?

Von der Zeitung ins Viertel

*Wie Bert Breitenbach
doch noch zur Wahrheit vorstieß*

Er wollte aufrührerisch wie Tucholsky sein, stilsicher wie von Ossietzky und mobil wie Kisch. Das einzige, was ihm tatsächlich gelang: Er erreichte Tuchos Körpergewicht und auch das von Kisch. Der kleine dicke Epigone schrieb aber nicht mit seiner Maschine gegen eine Katastrophe an, sondern schrieb sie mit herbei. Als Bert Breitenbach Ende der siebziger Jahre als Redakteur bei einer Tageszeitung zu arbeiten begann, die sich in der Nähe des Alexanderplatzes eingerichtet hatte, zuckten bereits Flammenzeichen an Horizont. Doch er nahm sie nicht wahr.

Der Block aus Stahl und Beton war wie alle umliegenden Gebäude im weitläufigen Areal vom Ulbrichtschen Zeitgeist gezeichnet und bot auf fünfzehn Etagen neun Redaktionen Platz. Etliche Redakteure wurden mit dem wachsenden Widerspruch zwischen DDR-Realität und der Widerspiegelung derselben in der Öffentlichkeit nicht fertig. Mag sein, daß auch persönliche Probleme im Spiel waren - jedenfalls suchten zwei von ihnen, die das nicht so zynisch verarbeiten konnten wie viele ihrer propagandistischen Mittäter, den Ausweg aus der Misere durch Rückzug aus dem Leben. Sie verzichteten auf die Benutzung des Fahrstuhls und nahmen ihren Abgang durch das offene Fenster. Dem Verlagsgebäude brachte das einen Spitznamen ein, der einem vergleichbaren Pressehaus jenseits der Mauer entlehnt war: Springer-Hochhaus.

Die Selbstmörder blieben in ihrer Todesstunde gute Genossen. Sie wählten nicht die Frontseite zum Alexanderplatz, die Protokollstrecke, auf der so oft Staatsbesuch vorbeifuhr, sondern sprangen an der Hofseite ab, zum Scheunenviertel hin. Ihren Chefs und Parteisekretären ersparten sie damit unangenehme Nachfragen aus dem Zentralkomitee oder der Öffentlichkeit. Darum blieb die Nachricht über ihr viel zu frühes Hinscheiden in den Traueranzeigen von Verlag, Parteileitung und Betriebsgewerkschaftsleitung für Außenstehende eine unentschlüsselbare Botschaft wie so vieles, was in den Zeitungen des Hauses stand.

Die Rede ist vom einstigen Berliner Verlag, der 1990 von dem Hamburger Medien-Multi Gruner+Jahr aufgekauft worden ist. Als Miterwerber trat der britische Großverleger Robert Maxwell auf, der allerdings bald ausstieg und auf ähnliche Weise von dieser Welt ging wie die beiden bedauernswerten Redakteure.

Wo das Redaktionshochhaus heute steht, befand sich früher eine Kaserne. Sie wird bereits auf einer Berliner Stadtkarte von 1804 ausgewiesen. Der Kommandoton, der in diesem Bau einst geherrscht haben muß, hatte offenbar alle Zeitläufte und jähen Wendungen unbeschadet überstanden. Nicht so der Stadtplan. Der Anfang der Prenzlauer Allee, die vormals hier ihren Ausgang nahm, war um ein paar hundert Meter nach Norden verlegt worden, nun hieß das gewonnene Stück nach Karl Liebknecht. Die Hirtenstraße zur Linken und die Münzstraße zur Rechten, durch die man ins Scheunenviertel gelangt, durften ihre angestammten Namen behalten. Hingegen wurde anrüchige Militanz im weiteren getilgt: Die Grenadier- und die Dragonerstraße mutierten zur Almstadt- und zur Max-Beer-Straße, und die Artilleriestraße hieß hinfort nach Kurt Tucholsky. Der angrenzende Bülow-Platz, der kurzzeitig nach dem Nazi-Märtyrer Horst Wessel benannt worden war, bekam von der DDR den Namen eines anderen politischen Meuchelopfers: Rosa Luxemburg.

Doch dies waren eher beiläufige Beobachtungen, die der junge Mitarbeiter des Pressehauses machte, wenn er in der Mittagspause in konzentrischen Kreisen das unbekannte Gebiet ausschritt und von älteren Kollegen die Lokalgeschichte anekdotisch vermittelt bekam. Je tiefer er in das Gewirr der engen Straßen und Gassen eindrang, desto offensichtlicher sah er Verfall und Fäulnis. Keine zehn Minuten vom modernistischen Zentrum der vermeintlich sozialistischen Metropole entfernt erblickte der aufmerksame Passant die Grenzen des ökonomisch Machbaren.

Andererseits: An den Putzresten neben blinden Schaufensterscheiben oder vernagelten Hauseingängen nahm er mitunter Signale einer untergegangenen Welt wahr. Hebräische Schriftzeichen und deutsche Lettern priesen Colonialwaren und koscheres Fleisch, billige Kleidung und preiswertes Besohlen von Lederschuhen.

Das alles verschwand, als die Abrißbirne und die Sprengkommandos kamen und viele Gebäude aus der Straßenzeile tilgten. In den Redaktionen hörten die Journalisten den Fanfarenstoß, dann folgte ein dumpfer Schlag, und wenig später stieg eine Staubwolke über den Dächern empor. Wieder war ein Stück Geschichte aus der Stadt herausgesprengt worden.

Auf den freigewordenen Flächen wuchsen uniforme Plattenbauten in den Himmel, was die Zeitung, an der Breitenbach arbeitete, zur Erstellung einer umfangreichen Serie und einer Broschüre veranlaßte. Beide trugen den programmatischen Titel „Zwischen Fundament und Himmel", und der war unfreiwillig doppelsinnig: Die Autoren hatten den Boden der Wirklichkeit unter ihren Füßen verloren.

Der Breitenbach zum Porträtieren zugeteilte junge Bauarbeiter war ein schlichter, anspruchsloser baumlanger Kerl, gewiß eine ehrliche Haut. Der einzige auffällige Charakterzug war sein Desinteresse für vieles, was ihn umgab. Selbst die Zuwendung zu Fernseh und Bier - beides genoß er in vollen Zügen - war ausschließlich einer geradezu pathologischen Trägheit geschuldet.

Dieses Bild entsprach natürlich in keiner Weise dem Ideal des sozialistischen Aufbauhelden, und so interpretierten Breitenbach und seine Kollegen, die ähnlich ernüchternde Feststellungen machten, solch apathisches Verhalten als entschuldbaren Reflex. Die Porträtierten spielten mit. Sie lasen aufmerksam jede Zeile, bevor die Manuskripte zum Druck befördert wurden. Geprüft wurde vorher auch im Zentralrat der FDJ und im ZK der SED, ob das Abziehbild mit der Schablone übereinstimmte.

Nein, gelogen wurde in diesen Texten ganz gewiß nicht. Nur eben geschönt. Die Journalisten tünchten die Wirklichkeit. So wie die Malerkolonnen auf die Fassaden der denkmalgeschützten Häuser Lacke und Farben aus Wolfen klatschten.

Auf diese Weise verschwanden in den achtziger Jahren nach und nach alle authentischen Mitteilungen aus dem historischen Scheunenviertel. Die Mehrheit der Zeitgenossen nahm es gelassen zur Kenntnis, oder, sofern selber betroffen, gelegentlich sogar mit Zustimmung. Breitenbach wurde Zeuge einer lebhaften Auseinandersetzung zwischen einem von ihm wegen seiner Klugheit und Sensibilität geschätzten Kollegen und einer jungen Frau. Diese wollte den in der Mulackstraße wohnenden Journalisten für eine Protestaktion gegen den angekündigten Abriß gewinnen - doch der wischte ihr Ansinnen von Tisch. Sie würde ja nicht mit Ratten und Schwamm in den Wänden leben, bei ihr regnete es gewiß nicht durch, sie müsse nicht die Kohlen mehrere Etagen hochtragen, sofern diese - was immer wieder vorkam - nicht aus dem Kellerverschlag geklaut worden wären. Er habe wie sie das Recht auf eine saubere, trockene, warme Wohnung. Und Neubau sei nun mal billiger als eine aufwendige Sanierung, die sich im Falle der Mulackritze überdies nicht lohne.

Breitenbach teilte diese an ökonomischen Zwängen orientierte Auffassung nicht ganz, denn weder war er unmittelbar betroffen, noch lebte er geschichtslos in den sozialistischen Alltag hinein. Vielleicht war das ablehnende Verhalten des Kollegen auch nur die Folge der selektiven Annahme der Geschichte. Bestimmte Felder der Vergangenheit wurden in der DDR außerordentlich gepflegt, aber jene, welche nicht unbedingt zur ideologischen Stütze des Staatswesens dienten, blieben brach liegen oder wurden ignoriert. Das jüdische Kapitel beispielsweise wurde 1945 mit Auschwitz beendet, Israel von dieser Geschichte abgetrennt. Sogenanntes Lumpenproletariat kam in den DDR-Geschichtsbüchern nur als Auffüllmasse für die faschistische Bewegung vor. Wo es hauste, was es trieb, wie es lebte, blieb ohne Belang. Das historische Scheunenviertel stand nicht in der geschriebenen DDR-Geschichte. Einzig der Bülow-Platz fand lebhafte Erwähnung: Dort im Karl-Liebknecht-Haus wirkte von 1926 bis 1933 die KPD-Zentrale.

Natürlich fanden sich zwischen Friedrichstraße und Luxemburg-Platz, zwischen S-Bahn und Wilhelm-Pieck-Straße zu DDR-Zeiten einige Gedenktafeln und Gedenksteine. Sie erinnerten jedoch an einen sehr winzigen Ausschnitt der Vergangenheit. In der Gipsstraße 3 gedachte die DDR Sala und Martin Kochmanns, der in Plötzensee hingerichteten Mitglieder der kommunistischen Widerstandsgruppe Herbert Baum. In der Linienstraße 154a: Margarete Kaufmann, ermordet 1943, KPD; in der Mulackstraße 8: Gedenkstein für Franz Mett, ermordet 1944, KPD.

Auch die Erinnerungen an die Weimarer Zeit beschränken sich weitgehend auf die Geschichte der KPD. Rosenthaler Straße 38: Sitz des ZK der KPD und des Kommunistischen Jugendverbandes Deutschlands

(KJVD) von 1921 bis 1926, wichtigste Mitteilung: „Hier vollzog sich auf dem Augustplenum 1925 die Bildung des von Ernst Thälmann geführten marxistisch-leninistischen ZK. Die 1. Parteikonferenz der KPD am 30.10. bis 1.11.1925 verurteilte die sich von den Werktätigen isolierende Politik der ‚Ultralinken‘". Gedenktafel Sophienstraße 18: „Vom 1.-3.11.1920 fand hier der 5. Parteitag der KPD unter dem Vorsitz von Wilhelm Pieck statt, auf dem der Zusammenschluß der Partei mit den revolutionären Mitgliedern der USPD zur Diskussion stand."

In der Tordurchfahrt dieses aus rotem Backstein errichteten Handwerkervereinshauses aus dem Jahre 1864 drehte das DDR-Fernsehen Ende der siebziger Jahre einen Mehrteiler über Marx und Engels. Die Pyrotechniker zauberten Londoner Nebel ins Scheinwerferlicht, und zwei Männer mußten sich darüber unterhalten, wie hinter einer imaginären Tür, vor der sie Wache schoben, die Internationale Arbeiterassoziation gegründet wurde.

Es war verdammt kalt, Breitenbach rutschte beständig der Kugelschreiber aus den klammen Händen, das Feuer der I. Internationale wärmte ihn nicht. Dankbar registrierte er, als weit nach Mitternacht der Drehstab in die wärmere Sakristei der jenseits der Straße gelegenen Sophienkirche wechselte. Dort filmte man ein Streitgespräch zwischen einem Bärtigen, der Marx sein sollte, und einigen zerlumpten Gestalten, denen der Weg in die lichte Zukunft erläutert wurde.

Als Jahre später an selber Stelle sich junge Oppositionelle mit Pfarrer Passauer, dem Hausherren, trafen und die Staatssicherheit das Gotteshaus weiträumig absperrte, schickte Breitenbachs Redaktion keinen Redakteur dorthin, damit er darüber schriebe. Auch nicht, als sich im Oktober 1989 viele Opfer hilfesuchend an den Pastor der Sophienkirche wandten, weil sie am 7./8. Oktober in die Polizeimühle der DDR geraten waren. Pfarrer Passauer initiierte daraufhin mit anderen einen Untersuchungsausschuß, der den Übergriffen nachging.

In der Großen Hamburger Straße fand Breitenbach neben all den KPD-Insignien noch den Gedenkstein am Ort des abgerissenen jüdischen Altersheims und des eingeebneten Friedhofs der jüdischen Gemeinde. Von den Grabsteinen war nur der von Moses Mendelsohn, dem großen Aufklärer und Menschenfreund, geblieben, aber nicht am Ort, wo er bestattet worden war. Das Altersheim hatten die Nazis zu einer Zwischenstation des Holocaust gemacht. Von dort aus deportierten sie mehrere zehntausend Juden in den Tod.

Breitenbach entdeckte bei seinen gelegentlichen Ausflügen auch eine Gedenktafel, die später korrigiert worden ist. Sie hängt an der Synagoge in der Oranienburger Straße und hatte 1988 den Zusatz erhalten, daß am 9. November der Vorsitzende des Staatsrates der DDR und Generalsekretär des ZK der SED, Erich Honecker, den Grundstein für die Rekonstruktion des Hauses und für eine Stiftung Judaicum gelegt habe. Dieser Teil der Botschaft ist jetzt aus naheliegenden Gründen beseitigt.

In der Keibelstraße, unweit des Redaktionsgebäudes, in welchem Bert Breitenbach 1978 zu arbeiten begonnen hatte, erhebt sich ein klotziger Bau, in dem vormals eine Feuerwache untergebracht war. Nunmehr residierte in den endlosen Fluren die Volkspolizei. Richtete man beim eiligen Durchqueren des Innenhofes den Blick nach oben, sah man mehrere Etagenreihen vergitterter Fenster: die U-Haft-Anstalt. Breitenbach hastete regelmäßig in Reih und Glied durch den Hof, wie viele seiner Kollegen war auch er Mitglied der Kampfgruppen der Arbeiterklasse, und in der fünften Etage standen die Waffen im Regal, die sie einmal im Monat reinigen mußten.

In der DDR lebten alle mit zwei Realitäten - der offiziellen, der öffentlichen, der veröffentlichten einerseits, und der nicht veröffentlichten, der selbst wahrgenommenen andererseits. In der ersten kamen der Knast und die Waffenkammer in der Keibelstraße nicht vor. Ebensowenig das Leben im Scheunenviertel. Das lag nicht nur daran, weil sich keine Stadt und kein Staat gern seiner Dreckecken rühmt. Der DDR-Staat hatte Schwierigkeiten, das Viertel in seine politisch-ideologische Herkunft einzupassen. Das Scheunenviertel entzog sich weitgehend einer marxistisch-leninistischer Deutung und konnte nicht zur eigenen Legitimation genutzt werden. Da hatten Deutsche, Juden und Ausländer nebeneinander gelebt und gearbeitet, da wurde geklaut und verschoben, gebumst und gekokst, abgemurkst und aufgestiegen, da lehrten jüdische Bildungsanstalten und zionistische Vereine, indoktrinierten Naziführer und agitierten kommunistische Propagandisten. Das war einfach zu bunt und zu quirlig, um in das relativ farblose und starre, dogmatisierte Geschichtsbild der DDR zu passen. Also ließ man es besser weg.

Auf Breitenbach übte das Scheunenviertel zunehmend eine nicht näher bestimmte Faszination aus, wiewohl kaum mehr als Rudimente einstigen Lebens erkennbar waren. Als sich eine Chance bot, in der Gegend ein Quartier zu bekommen, griff er sofort zu. Er zog in die Wilhelm-Pieck-Straße, in Sichtweite des verlotterten und deshalb verschlossenen Garnisonsfriedhofes, auf dem Adolf Freiherr von Lützow und andere prominente Preußen begraben liegen.

Alsbald wehte tatsächlich der Atem der Geschichte herüber. Die offizielle DDR, seit geraumer Zeit um die Verbreiterung ihres historischen Fundamentes bemüht, feierte das Jubiläum der antinapoleonischen Befreiungskriege. Es wurde beschlossen, daß Honecker am Grabe Lützows einen Kranz niederlegen sollte. Dazu machte es sich erforderlich, den vernachlässigten

Gottesacker in einen vorzeigenswerten Zustand zu versetzen. 1978 hatte man noch 489 historische Grabstellen gezählt, fünf Jahre später nur noch 181. Das Unterholz mußte ausgelichtet werden, damit die Sicherheitskräfte freien Blick erhielten.

Da die Kranzniederlegung üblicherweise von Offizieren mit Gardemaß vorgenommen wurde, sann man darüber nach, wie der nicht eben großgewachsene Honecker von den hinter den Soldatenreihen stehenden TV-Kameras erfaßt werden könnte. Die Berater schlugen vor, einen erhöhten Betonweg anzulegen, der zum Grab von Lützow auf der Wiese führen sollte. Diese mehr als lächerliche Idee kam aber nicht zur Ausführung. Honecker hatte das Interesse an diesem Gedenkakt inzwischen verloren und beauftragte das Politbüromitglied Günter Schabowski, den Berliner Bezirkssekretär, mit der Kranzniederlegung.

Breitenbachs Wohnhaus, ein sogenannter Lückenbau, hatte, wie sich bald erwies, mindesten zwei Makken. Es war anläßlich eines anderen Jubiläums und damit in Eile fertiggestellt worden. Vieles erwies sich bei näherer Betrachtung als Pfusch und funktionierte nicht. Zweitens zog nach einem halben Jahr ein emsiger Fleischer im Erdgeschoß ein. Messungen ergaben tagsüber einen Geräuschpegel von 55 Dezibel neben Breitenbachs Schreibtisch (zum Vergleich: Ein startender Düsenjet kommt auf 110), und nachts ließen die Kühlaggregate die Hausbewohner keinen Schlaf finden. Da man beim Bau auf sämtliche Isolierungen verzichtet hatte, wirkte das ganze Haus wie ein riesiger Resonanzboden und war darum nicht bewohnbar, wie den Mietern schriftlich von den zuständigen Behörden bald mitgeteilt wurde.

Daraufhin eröffneten die Hausbewohner eine umfangreiche Korrespondenz mit Hinz und Kunz, unter anderem mit dem 1. Sekretär der SED-Bezirksleitung, weil diese die einzige Instanz war, die tatsächlich entscheiden würde. Nach drei Jahren Briefeschreiben war der „liebe Genosse Günter Schabowski" weg. Verschwunden waren ferner die DDR und bisher ansässige Diplomaten, denen man zwischen Spreeufer und Friedrichstadtpalast gerade ein formidables Haus errichtet hatte, das nun leerstand. Kurzzeitig besaßen die zuständigen Stellen wohl ein schlechtes Gewissen und boten den lärmgeschädigten Mietern aus der Wilhelm-Pieck-Straße dort Wohnungen an.

Auch Breitenbach zog ans andere Ende von Spandauer Vorstand und Scheunenviertel. Dabei mußte er sein Telefon zurücklassen. Obzwar in dem Neubau in der Friedrichstraße jedes Zimmer eine Telefonbuchse aufwies, gab es keinen freien Anschluß. Telefonieren in dieser Gegend war nie ganz problemlos. Breitenbach wurde Zeuge, wie der Gewerkschaftschef Harry Tisch sechs Wochen vor der Wende in die Tucholskystraße kam, zur feierlichen Einweihung des „bedeutendsten Vorhabens der Deutschen Post zum 40. Jahrestag der DDR". Der Politbürokrat übergab die Ortsvermittlungsstelle 20 und überzeugte sich von der Funktionsfähigkeit der Technik, indem er vor TV- und Pressekameras telefonierte und die gute Verbindung über den grünen Klee lobte. Nach der Wende wurde allerdings bekannt, daß zu diesem Zeitpunkt die Strippen noch gar nicht gezogen waren. Mit wem mag Harry Tisch gesprochen haben?

Wie auch immer: Der Umzug hatte natürlich sein Gutes. Beim Räumen fiel Breitenbach ein altes, ungedrucktes Manuskript in die Hand. Es behandelte das Leben des Parteiveteranen Franz Fischer. Das war ein blitzgescheiter, hagerer, kleiner Mann vom Jahrgang 1904, ein Berliner von Geburt und Überzeugung. Hinter dem einstigen Gelegenheitsarbeiter und Berufsfunktionär lag ein außerordentlich bewegtes Leben. Doch seine politische Biographie wies nach dem Verständnis der DDR-Mächtigen einige Webfehler auf. Deshalb blieb ihm der Zugang zu ihrem inneren Zirkel auf immer verwehrt.

Das bedrückte Fischer allerdings nicht, im Gegenteil. Seine charakterlichen Schwächen hießen Bescheidenheit und Ehrlichkeit, ihn widerte zunehmend die Selbstherrlichkeit und Arroganz der Honecker-Clique an. Überdies war er in der Nazizeit nach England geflohen, also ein West-Emigrant, weshalb er bis ans Ende seiner Tage in den Köpfen der Politbürokraten als unsicherer Kantonist galt. Und seine Frau war Jüdin.

Franz Fischer kam über die Funktion eines 1. Sekretärs von Berliner SED-Kreisleitungen nie hinaus. Zuletzt schob man ihn auf den unbedeutenden Posten eines Generalsekretärs der Gesellschaft für Deutsch-Sowjetische Freundschaft ab. Das ertrug er ein paar Jahre, bis er endgültig den Bettel hinwarf und sich in seine Neubauwohnung in Friedrichshain und seinen Garten in Müggelheim zurückzog.

Dort hatte Breitenbach Fischer kennengelernt. Vier Jahre lang saßen beide Woche um Woche zusammen und brachten gemeinsam seine Erinnerungen zu Papier.

Darin spielt das Scheunenviertel eine wesentliche Rolle. Das erste Mal erwähnt Fischer die Gegend um den Alexanderplatz, als er davon sprach, wie er, der Weddinger, im Herbst 1918 bei der Straßenreinigung zu arbeiten begann. Er war 14 und bekam eine Uniform und mußte jeden Morgen im Depot Nr. 11 am Alex zum Appell erscheinen.

So auch am 9. November 1918. Auf den Straßen und Plätzen brodelte es. Das Geschäft mit falschen Papieren blühte wie immer. Soldaten besorgten sich Ausmusterungsdokumente, um auf diesem Weise den Krieg für sich zu beenden. Die alte Ordnung schien schon nicht mehr zu existieren, aber eine neue war noch nicht da. Das alles mußte Franz irgendwie angesteckt haben, denn bei der Befehlsausgabe im Depot Nr. 11 ließ er demonstrativ die Hände in den Taschen und legte sie nicht, wie gefordert, an die Hosennaht. Der Revierleiter sei daraufhin explodiert und jagte den „Spartakisten" vom Hof. Zwei Wochen lang habe er, Fischer, dann auf Berlins Straßen herumgelungert und Augen und Ohren aufgesperrt. Im Humboldthain hörte er Karl Liebknecht reden, und im Lehrervereinshaus am Alex die Rosa Luxemburg.

Dann allerdings fiel der Mutter die Forderung der Stadtreinigung in die Hände, Franz solle gefälligst seine Uniform im Depot abliefern. Damit wurde sein Rausschmiß offenbar. Besorgt wandte sich die Mutter an eine Fürsorgerin im Stadtbezirk, die gleich ihr der Meinung war, Franz müsse daran gehindert werden, weiterhin schlechten Umgang zu haben. Er wurde deshalb im Januar 1919 aufs Land, nach Striegau im Schlesischen, geschickt.

Zwei Jahren später kehrte Franz nach Berlin zurück. Er wurde Lieferbursche bei einem Seifenhändler in der Neuen Königsstraße beim Roten Rathaus und bekam Kontakte zu einer Gruppe von Jungkommunisten im Prenzlauer Berg. Diese traf sich regelmäßig auf dem Exerzierplatz der Alexanderkaserne - eben da, wo in den siebziger Jahren Breitenbachs Redaktionsgebäude hingeklotzt werden sollte. Auf dem Exer kam Franz mit Gleichaltrigen aus der Sozialistischen Arbeiterjugend zusammen. Man grüßte, wie seinerzeit üblich, mit Heil Moskau und Frei Heil und agitierte sich wechselseitig. Schlicht in der Argumentation und nicht zimperlich bei Beschimpfungen, aber nicht so vernichtend und selbstmörderisch wie Jahre später, als Kommunisten und Sozialdemokraten nicht nur verbal aufeinander einschlugen.

Im März 1923 - Franz gehörte inzwischen zum Ordnerdienst (OD) der KPD, einer verschwiegenen militärischen Geheimorganisation - prügelten Schlägerkolonnen des Jungdeutschen Ordens und des Stahlhelms einerseits und militante Kommunisten andererseits am Monbijouplatz aufeinander ein. Die Rechten zelebrierten im Zirkus Busch, der zwischen Spree und S-Bahnhof Börse sein Quartier hatte, einen Deutschen Tag - die linken Gegendemonstranten riefen, in völliger Verkennung der Lage, nach einer Räterepublik. Ihr Zug kam vom Hackeschen Markt, in dessen Nähe bekanntlich die KP-Zentrale saß. Dort hatten kurz zuvor die sogenannten Ultralinken, Fräulein Wulf alias Ruth Fischer und Arcady Maslow, die Versöhnler August Thalheimer und Heinrich Brandler entthront und den revolutionären Umsturz in Deutschland zur aktuellen Aufgabe erklärt.

Franz Fischer, in der dritten Person über sich berichtend, notierte über dieses blutige Zusammentreffen:

„Der Pulk bewegt sich lautstark durch die Innenstadt, erstaunlich wenig Polizei ist aufgeboten, Franz glaubt bei diesem und jenem Genossen eine gewisse Enttäuschung zu bemerken. Aber da! Als sie den Monbijouplatz, vom Hackeschen Markt kommend, erreichen, erblicken sie die Sicherungstrupps von Jungdo und Stahlhelm. Breitbeinig stehen sie auf der Straße, die Arme sind vor der Brust verschränkt, ihre Gesichtszüge zur Maske gefroren. Das wird ein Fest! Unbeeindruckt halten die Demonstranten auf die Menschenmauer zu: ‚Weg mit der Reaktion, her mit der Räterepublik!' Fest schlagen die mit Eisenkanten benagelten Schnürschuhe aufs Pflaster: Platz da, jetzt kommen wir. Dann ertönt ein Pfiff. Die Formation löst sich auf, die Männer laufen auseinander und stürzen sich auf die Uniformierten. Stöcke werden hervorgeholt und pfeifen durch die Luft. Stöhnen, Schnaufen, Schreie. Franz sieht einen Stahlhelmer, der eine Pistole zieht. Ehe der durchladen kann, ist Franz bei ihm. Arm angefaßt, Körper gedreht, Schulter unter die Achsel und drüber. So hat er es tausendmal mit den Genossen geübt.

Krachend knallt der Mann aufs Kreuz. Franz hat wenig Mühe, ihm die 6,45er Walther aus der Hand zu entwinden. Reitet ihn der Teufel oder was? Er steckt das Ding ein und gibt Fersengeld. Er rennt, was das Zeug hält. Plötzlich ist er auch schon Unter den Linden. Auf dem Mittelstreifen, unter den Bäumen, hat der Arbeitersamariterbund vorsorglich Sanitätszelte aufgestellt. Franz stiebt in ein solches Zelt und hält dem dort sitzenden Helfer den erbeuteten Ballermann unter die Nase: ‚Kiek ma, det habe ick jrade eenem abjenommen!'

Der Neunzehnjährige sucht Anerkennung und Beifall. Doch der Sanitäter verweigert sie ihm und brüllt nur: ‚Raus, verschwinde!' Ernüchert trottet Franz nach draußen. Als sich später im Parteilokal nach und nach die Genossen einfinden und auch sein Vorgesetzter vom OD, meldet er diesem, daß er jetzt eine eigene Waffe habe. Alles klar, sagt der, und geht zur Tagesordnung über, als handele es sich um die normalste Angelegenheit der Welt..."

Fünf Jahre später gab es eine noch blutigere Konfrontation in dieser Gegend. Aus Furcht vor Zusammenstößen zwischen Faschisten und Kommunisten war die übliche Mai-Demonstration verboten worden. Der Mord an einem Stahlhelmer in Pankow am 22. Februar 1929 hatte den preußischen Innenminister Grzesinski (SPD) veranlaßt, der Polizei zu befehlen, künftig mit allen zu Gebote stehenden Mitteln gegen „radikale Organisationen" einzuschreiten und schon im Vorfeld zu deeskalieren. Die KPD-Führung rief dennoch zur Mai-Kundgebung auf und erteilte intern die Weisung: „Die Demonstration soll einen friedlichen und unbewaffneten Charakter tragen. Den im Roten Frontkämpferbund vorhandenen Tendenzen, sich der bewaffneten Gewalt entgegenzustellen, soll unter allen Umständen entgegengewirkt werden."

Ob die Verfasser des Appells selbst an dessen Wirkung glaubten? Der „Vorwärts" äußerte in seiner Ausgabe vom 20. April auf der ersten Seite in der Schlagzeile die ideologisch gefärbte Befürchtung der SPD: „200 Tote am 1. Mai? Verbrecherische Pläne der Kommunisten".

Berlins Polizeipräsident Zörgiebel ließ den KPD-Demonstrationszug brutal auseinandertreiben. 33 Menschen starben, mehrere hundert wurden verletzt, über tausend inhaftiert. Ein in der Nähe des Schönhauser Tores praktizierender Arzt schilderte Details: „Hackescher Markt - Menschen auf den Bürgersteigen. Polizei beginnt etwa halb zwölf zu schlagen. Vor dem Postamt etwa zehn Schupos auf einem Haufen, Rücken zur Wand, und schießen in die Menschen; drei Verletzte, ein Knieschuß, ein Bauchschuß, ein Rückenschuß; Kugel steckt unter der Haut am Adamsapfel. Bülowplatz - Polizei wild; beginnen zu laufen; Menschen laufen etwa fünfzig bis achtzig Meter voraus in die Koblankstraße hinein. Beamte laufen über den Platz, ziehen dabei die Revolver und schießen auf zirka 100 Meter Entfernung in die Koblankstraße hinein. Dabei waren die Beamten gegen fünfzig Meter von den Zivilisten getrennt. - Mir heraufgebracht zirka zehn Schußverletzungen und zirka zwanzig Schlagverletzungen, die von äußerster Brutalität zeugen. Hiebe über den Kopf, daß die Kopfhaut aufgeschlagen ist und Gehirnerschütterung vorliegt..."

Zwei Tage später wurden der RFB und die Rote Jungfront in Preußen, am 7. Mai in ganz Deutschland verboten; einem KPD-Streikaufruf leisteten nur wenige Arbeiter Folge.

Nach einem längeren Moskau-Aufenthalt kehrte Franz im Sommer 1932 nach Deutschland zurück. Er geriet in das Mahlwerk der Intrigen innerhalb des Parteizentrums, bei denen auch er am Ende auf der Strecke bleiben sollte: Parteiausschluß!

Im Juli 1932 aber, unmittelbar nach Fischers Ankunft, schickte Leo Flieg, der amtierende Parteichef, Franz an die Peripherie des Apparates, zu Willi Münzenberg, dem roten Pressezaren und Sekretär der Internationalen Arbeiterhilfe (IAH).

Franz kannte Münzenberg persönlich, seit dieser in einer Schulaula in der Weinmeisterstraße, unweit vom damaligen Sitz des ZK des KJVD in der Münzstraße 23, öffentlich aufgetreten war und das zunächst skeptische Auditorium von einer sozialistischen Perspektive Deutschlands überzeugte. Das lag etwa ein Jahrzehnt zurück. Münzenberg war in der Partei umstritten und geriet später - als er in Frankreich in der Emigration saß - in Stalins Säuberungen. Er erhielt eine Aufforderung, nach Moskau zu kommen. Dort traf er nie ein. Im Grenzwald zur Schweiz fand man seine Leiche. Ob er sich das Leben genommen hatte oder ermordet wurde, blieb ungeklärt.

Der gebürtige Thüringer galt als außerordentlich disziplinierter Mensch, Franz fand sich pünktlich zur bestellten Minute in Münzenbergs Büro ein. Dieser erklärte ihm, es gebe in Frankfurt am Main Schwierigkeiten beim Vertrieb der Arbeiter-Illustrierten-Zeitung. Es blieben zuviele Exemplare liegen, das Netz der Kolporteure müsse geflickt werden. Das solle er, Franz, übernehmen. Und wenn er meine, das wäre für ihn eine Tätigkeit auf Dauer, solle er ihm Nachricht geben. Man würde ihn dann in Frankfurt als Chef des dortigen AIZ-Apparates fest einstellen.

Franz erklärte, sich dieses Angebot überlegen zu wollen, und vertiefte sich erst einmal in die Unterlagen, die ihm Münzenberg ausgehändigt hatte. Dabei beobachtete er seinen möglichen künftigen Arbeitgeber, dessen Stil er ja studieren sollte.

„Münzenberg selbst versenkt sich sofort wieder in

seine Papiere, kniet sich in die Arbeit getreu seiner Devise: Es muß etwas auf den Tisch kommen und ebensoviel vom Tisch gehen. Der Küchenwecker auf dem Schreibtisch tickt in die angespannte Stille, die hin und wieder durch das Schrillen des Telefons zerrissen wird. Die Telefonate sind meist kurz, aufs wesentliche konzentriert, nicht einmal, daß sich Münzenberg verplauscht, Privates hat keinen Platz. Die Anweisungen sind präzis und logisch. Dies trifft auch auf die Gespräche zu, die er mit einigen Besuchern führt. Wie nach Fahrplan laufen nacheinander ihre Rapporte ab; wer einen Termin nicht einhält, muß sich einen neuen im Vorzimmer geben lassen. Der Arbeitsstil ist höchst effektiv und rationell. So arbeiten, denkt Franz, Manager in erfolgreichen Unternehmen. In der Partei kennt er keinen, der ein derart straffes Arbeitsregime praktiziert. So unklug scheint ihm also der an ihn gerichtete Vorschlag nicht zu sein, er solle Münzenbergs Arbeitsweise studieren. Mit Anzug, Weste und Krawatte thront der Nichtraucher Münzenberg hinterm Schreibtisch und wälzt Berichte, macht Notizen. Plötzlich erhebt er sich und sagt: ‚12 Uhr. Mittag.'

Franz versteht und gibt ihm die Hand. Es war nur ein halber Tag Studium vorgesehen. Er wolle doch auch ins Karl-Liebknecht-Haus, sagt Münzenberg und bietet Franz an, ihn im Auto mitzunehmen. Als sie von der Friedrichstraße in die Allee Unter den Linden einbiegen wollen, hebt der Verkehrspolizist auf der Kreuzung den Arm. ‚Verdammt', flucht Münzenberg und schaut auf seine Uhr. ‚Wieder zweieinhalb Minuten verloren!'"

Monate später beginnt für Franz Fischer der Weg, den viele Kommunisten beschreiten mußten: Gestapozentrale Prinz-Albrecht-Straße. Gefängnis Moabit. KZ Lichtenburg. Emigration Prag. Flucht nach England. Dort lernt Franz 1943 die 17 Jahre jüngere Inge Asch kennen. Sie stammt aus einer vierköpfigen jüdischen

Familie, die in Berlins Mitte lebte und arbeitete. Im Juni 1939 war Inge mit einem Schiff aus Hamburg gekommen; sie sollte als einzige ihrer Familie den Holocaust überstehen. Im Mai 1944 wird ihr gemeinsamer Sohn Peter geboren; dieser arbeitete nach der Herstellung der deutschen Einheit bei Heinz Galinski in der Jüdischen Gemeinde zu Berlin, die mit all ihren Stellen in die Oranienburger Straße übersiedeln wird. So schließt sich der Kreis.

Und eine letzte Aufgabe des Franz Fischer im Scheunenviertel soll berichtet werden. Sie begann Ende 1948. Franz war zum Leiter der Abteilung Agitation und politische Massenarbeit in der SED-Landesleitung berufen und beauftragt worden, sich alle Filme anzusehen, die in den zwanzig Berliner Stadtbezirken gezeigt werden sollten. Mit anderen Worten: Man hatte ihn zum kinematographischen Oberzensor der einstigen Reichshauptstadt gemacht. Aber nicht nur das: Über seinen Schreibtisch wanderten alle Flugblätter der sogenannten Massenorganisationen, die er abzeichnete oder verbot, und er war verantwortlich für die Herausgabe aller Propaganda-Broschüren der SED in dieser Stadt. Die Filme sah er im Kino Babylon am Bülow-Platz, der jetzt nach Rosa Luxemburg hieß. Es waren UFA-Revuen und sowjetische Heldenepen, Seifenopern und sozialistisches Aufbaupathos. Pölzigs Kino aus den zwanziger Jahren spielte nur für den fünfundvierzigjährigen Franz, wenn dieser Woche um Woche, Monat um Monat das magere Filmangebot begutachtete. Die Vorzensur arbeitete jedoch tadellos, so daß Franz niemals nein sagen mußte.

Der eigentliche Ärger kam, wie meist, aus den eigenen Reihen. Franz Fischer wurde in einem Auto der Marke F 8 herumgefahren, da er selbst keine Fahrerlaubnis besaß. Es ist an einem schönen Frühlingstag im März 1950, als er vorm Babylon abgesetzt wird.

Franz läßt seine Ledertasche, die ihm ein englischer Genosse im Exil schenkte, auf dem Rücksitz liegen und sagt dem Fahrer, er möge diese in der Landesleitung in seinem Büro abgeben. In der Tasche befinden sich einige Pressedienste und drei Berichte von öffentlichen Versammlungen der CDU in Westberlin, keine Verschlußsachen also.

Am Abend steuert der Fahrer Franz nach Hause. Mehr beiläufig denn erregt sagt er, er müsse dem Genossen Fischer nun wohl eine neue Tasche besorgen, denn die andere sei aus dem Auto vor der Landesleitung gestohlen worden, weil er vergessen hatte, sie abzuliefern ... Franz erstattet Selbstanzeige bei seinem Parteivorgesetzten. Und zur selben Stunde, als die gestohlenen Unterlagen wieder vorliegen - Schüler hatten sie gefunden und beim Pförtner abgegeben; der Dieb interessierte sich nur für die Tasche -, wird das Parteiverfahren gegen ihn eröffnet. Franz bekommt eine Rüge und wird von seiner Funktion entbunden.

Vorgänge dieser Art waren in der SED absolut typisch, sie begleiteten ihre Mitglieder bis ans Ende dieser Partei. Das Mißtrauen, als revolutionäre Wachsamkeit getarnt, wucherte überall. Der Klassenfeind, der angeblich nie schlief, lauerte an jedem Ort. Seine Existenz war der Vorwand zu Selbstdisziplin und zur Disziplinierung.

Ehe Breitenbach das von Fischer autorisierte Manuskript zum Verlag tragen konnte, starb Franz. Das war im Februar 1986. Das Druckhaus, dem Breitenbach den Text schließlich gab, war ein parteieigenes und auf die Herausgabe von Memoiren dieser Art spezialisiert. Da Franz Fischer jedoch weder einen Gönner im Politbüro, noch Breitenbach einen gesellschaftlichen Auftraggeber hinter sich hatte, blieb das Manuskript im Verlag liegen.

Eigentliche Ursache für die Ignoranz war wohl der Umstand, daß sich die Sicht von Franz nicht in allen

Melancholie im Scheunenviertel: Letzte Ehre für einen alten Weggefährten

Punkten mit der der amtierenden Parteiführung deckte; Ernst Thälmann etwa, den Fischer persönlich recht gut kannte, kam in seiner Darstellung nicht so edel und rein vor wie in den Hochglanzbänden.

Schon bald riß die Kommunikation zwischen dem Verlag und Breitenbach ab, weil man einerseits zu feige war, das Manuskript abzulehnen (man wußte nicht, wen Franz Fischer in der Ersten Reihe kannte, und fürchtete eine - in diesem Falle völlig unbegründete - Denunziation bei einer höhergestellten Persönlichkeit.) Anderseits funktionierte die Selbstzensur: Das Risiko, wegen abweichender Sicht oder mangelnder Wachsamkeit kritisiert zu werden, schien bei diesen Erinnerungen nicht kalkulierbar. Man schob deshalb zunächst eine Intervention der Witwe vor, die hinsichtlich der Autorisierung des Textes durch Franz Zweifel signalisiert haben sollte, und meldete sich dann überhaupt nicht mehr, als die haltlose Unterstellung per schriftlicher Vollmacht widerlegt worden war. Franz Fischer mußte so etwas geahnt haben.

Bert Breitenbach war dem Lektor trotz allem dankbar, weil er ihn nicht wie andere Autoren nach jedem ZK-Plenum und jeder Honecker-Rede aufforderte, die jeweils "neue Sicht" der führenden Genossen im Manuskript zu verarbeiten, wie es in der DDR Usus war. Aber ärgerlich war es schon, daß die Arbeit von vier Jahren umsonst gewesen zu sein schien. Dann kam die Wende und durchaus die Gelegenheit, das Buch zu editieren, doch da scheute der nunmehr kopflose Verlag das unternehmerische Risiko und rettete zunächst die sicher geglaubten Felle. Dazu gehörten die Erinnerungen von Parteifunktionären ganz sicher nicht.

Breitenbach aber befreite nach reichlich vier Jahren die knapp fünfhundert Seiten Text und die Bilddokumente aus ihrer Lagerhaft, stellte deren Ausdünnung und eine nicht sonderlich pflegliche Behandlung fest und versenkte alles in seinem Schreibtisch.

Hiermit erblickt es nun wenigstens teilweise das Licht der Öffentlichkeit.

Breitenbachs Redaktion verließ Mitte 1991 das Pressehaus am Rande des Scheunenviertels. Die Immobilie war inzwischen fest in der Hand des Multi aus Hamburg. Einige der übernommenen Blätter stellte man ein, andere siedelte man aus, um mit der freigewordenen Bürofläche das schnelle große Geld auf dem Mietwege zu machen. Breitenbachs Blatt war dem Management insofern ein Dorn im Auge, als es sich 1990 gesträubt hatte, im Falle der Übernahme der Hamburger Unternehmensstrategie zu folgen und zu einer lokalen Boulevard-Zeitung am Morgen zu mutieren. Der Verweigerung folgte bald die Ankündigung einer Mietsteigerung und die Aufforderung, wegen Eigenbedarfs eine halbe Etage zu räumen. So zog der neue Besitzer der Zeitung, an der Breitenbach seit 1978 gearbeitet hatte, die Konsequenzen und suchte sich eine neue Bleibe.

Breitenbach sagte bei dieser Gelegenheit dem Blatt Valet.

Seit Anfang 1992 lebe ich als freier Journalist im Scheunenviertel.

Inhalt

Der boxende Jude
Wie Arnold Munter sich durchs Ghettoleben schlug
8

Der Mann in der Wohnmaschine
Wie ein Theatertischler Kunst ins Scheunenviertel holte
31

Auf der Geilen Meile
Wie Roswitha die Nacht zum Arbeitstag macht
55

Noch immer schmeckt der Brennabor
Wie ein Kurde an der Synagoge ein Szenecafé eröffnet
77

Kob Kellotat kriegt die Kurve
Wie ein Polizeioberkommissar (West) den Osten begreift
99

Tante Emma stirbt in Raten
Wie Eva M. mit ihrem Seifenladen in die Marktwirtschaft stürzt
126

Wo die Normannen becherten
Wie einst Corpsbrüder für Marlene Dietrich den Platz freigaben
150

Von der Zeitung ins Viertel
Wie Bert Breitenbach doch noch zur Wahrheit vorstieß
166

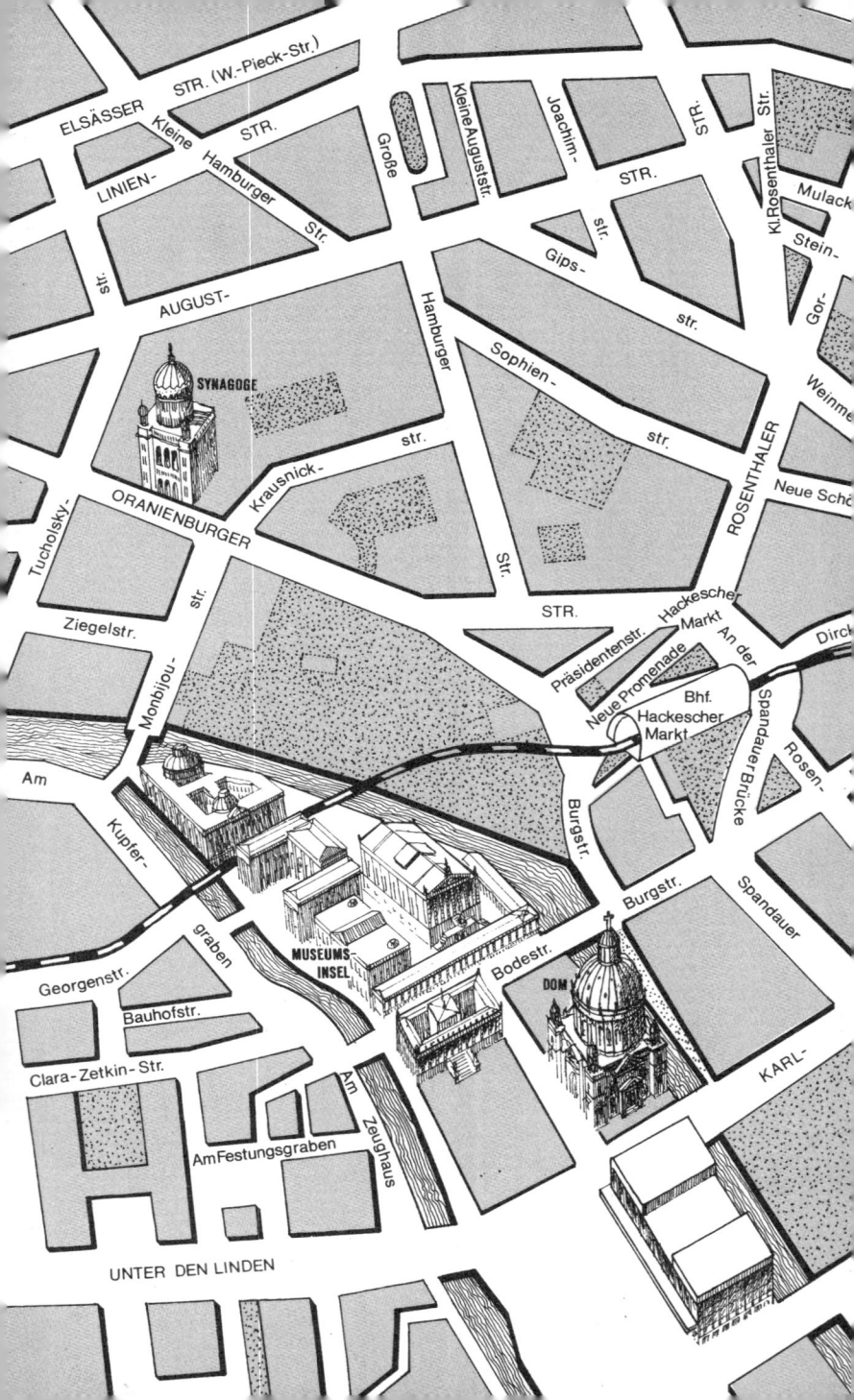